LES PREMIERS TEMPS

DE

LA RESTAURATION

(Extrait des Mémoires inédits du comte Beugnot, ancien ministre.)

(Extrait de la REVUE CONTEMPORAINE, liv. des 15 et 28 février.)

PARIS,

AUX BUREAUX DE LA REVUE CONTEMPORAINE,

FAUBOURG MONTMARTRE, NUMERO 13.

1854.

PREMIERS TEMPS DE LA RESTAURATION.

(Extrait des Mémoires inédits du comte Beugnot, ancien ministre *.)

LIVRE IV.

CHAPITRE PREMIER.

1814. — LE GOUVERNEMENT PROVISOIRE. — ARRIVÉE DE M. LE COMTE D'ARTOIS. — PORTRAIT DE CE PRINCE.

J'arrivai à Paris, attristé par ces étrangetés et ne pouvant pas me rendre compte de la situation de mon âme. J'allai descendre chez moi. Mon appartement était occupé par lord Burghess, que je ne trouvai pas disposé à m'en céder la moindre partie. Il me fit sentir qu'il y tenait surtout par l'usage de ma bibliothèque. Je cherche un appartement dans le quartier et si modeste qu'il soit, je n'en peux trouver à aucun étage. Je prononçai avec douleur le *væ victis!* Je me rends au ministère de l'intérieur auprès de mon ancien ami M. Benoist, et qui avait pris le portefeuille jusqu'à mon arrivée. Je lui fais part de mon embarras; il m'exhorte à faire conduire ma voiture à l'hôtel du ministère, mais il doute que je puisse y habiter, parce que tout y est en désarroi. J'accepte l'abri et je m'en remets à la Providence pour le reste.

J'accours chez M. de Talleyrand; son hôtel rue Saint-Florentin était bien le cadre le plus bizarre où pussent être renfermées les destinées

* Voir pour les autres parties des *Mémoires du comte Beugnot,* le tome III, pages 337 et 513, et le tome V, pages 29 et 161.

du monde : L'Empereur de Russie et ses aides de camp occupaient le premier étage ; le comte de Nesselrode, son ministre des affaires étrangères, occupait le second avec ses secrétaires. M. de Talleyrand s'était réservé l'entresol, où il était logé avec le gouvernement provisoire. Des gardes impériales russes garnissaient les escaliers, et des cosaques de la garde emplissaient la cour et la rue. On n'y distinguait guère le jour de la nuit. C'était le même concours, la même agitation ; on n'y voyait tranquilles que des cosaques qui sommeillaient sur la paille.

L'entresol de l'hôtel de M. de Talleyrand n'excède pas les proportions qu'on donne à cet étage dans le quartier de la place Louis XV. Il est composé de six pièces dont trois sur la cour et trois sur les Tuileries. Les pièces qui donnent sur la cour étaient abandonnées au public ; celles qui donnent sur les Tuileries se composent de la chambre à coucher de M. de Talleyrand, où siégeait le gouvernement provisoire ; d'un salon où travaillaient pêle-mêle les secrétaires de ce gouvernement, les ministres et tous les hommes en place qui avaient des rapports à faire ou des ordres à attendre ; et enfin, d'une bibliothèque où M. de Talleyrand écoutait en particulier ceux qui étaient assez heureux ou assez habiles pour l'y attirer, ce qui n'était rien moins que facile. Cette partie de l'entresol était comblée du soir au matin. Dans le salon, une grande agitation régnait. Les princes de l'intrigue parvenaient à s'y faufiler et se disputaient à qui dévorerait ce règne d'un moment. Le gouvernement discutait souvent assez haut et les portes ouvertes, et n'imposait à la curiosité impatiente que la loi de ne pas pénétrer dans la pièce où il siégeait. C'était un tableau singulier que celui de M. de Talleyrand essayant de passer, avec sa démarche embarrassée, de sa chambre à coucher dans sa bibliothèque pour y donner audience à quelqu'un à qui il l'avait promise et qui attendait depuis des heures. Il lui fallait traverser le salon ; il était arrêté par l'un, saisi par l'autre, barré par un troisième, jusqu'à ce que, de guerre lasse, il retournât d'où il était parti, laissant se morfondre le malheureux vers lequel il désespérait d'arriver. Mais les pièces qui donnaient sur la cour étaient occupées d'une manière plus étrange. La première, qui sert d'antichambre, était remplie par la tourbe des intrigants, de ceux qu'on retrouve dès qu'on daigne les souffrir, et qui forment le cortége obligé d'un pouvoir nouveau. Dans la seconde pièce se tenaient les intrigants d'importance ; ceux-ci luttaient entre eux de bravades et d'impertinences ; c'était à qui avait contribué davantage à la chute du Corse, et ces messieurs n'octroyaient qu'une part assez légère au gouvernement provisoire. La victoire était à peine acquise qu'ils se précipitaient sur les dépouilles des vaincus. M. Laborie, secrétaire adjoint du gouvernement provisoire, donnait aussi des audiences particulières dans la troisième pièce servant de cabinet de toilette, et il avait presque autant de peine pour y arriver qu'en avait M. de Talleyrand quand il essayait de pénétrer jusqu'à sa bibliothèque. Ainsi, dans cet hôtel de la rue Saint-Florentin, un souverain magnanime et avec lui quelques hommes d'Etat accomplissaient l'immense événement de la Restauration, à travers la confusion, le désordre 'et l'abandon, et foulés par une partie notable de la mauvaise compagnie de Paris.

J'attendis le moment favorable pour avoir une audience de M. de Talleyrand; c'était de minuit à deux heures du matin. Je me présente, et voici à peu près notre premier entretien :

TALLEYRAND.

Vous vous êtes fait attendre. Pourquoi cela?

B***.

Parce que la communication n'est pas libre entre Lille et Paris.

TALLEYRAND.

Je n'y comprends rien; est-ce qu'on n'est pas content de ce qui s'est fait ici?

B***.

On n'a encore à ce sujet que des notions confuses, et il faut que vous vous attendiez au moins à beaucoup d'étonnement; car moi-même à peine j'ose croire ce dont je suis témoin.

TALLEYRAND.

Il n'y avait pas d'autre parti à prendre, et c'est moi qui l'ai pris.

B***.

Vous, prince! mais avez-vous bien pesé les conséquences pour...

TALLEYRAND.

Je vous entends, mon cher B***; mais la France est trop malade pour que personne ait le droit de songer à soi. Voici exactement comment les choses se sont passées : L'Empereur de Russie m'a envoyé un aide de camp, pour me prévenir qu'il allait descendre chez moi, et une heure après il était là-haut. « Monsieur de Talleyrand, » m'a dit ce prince, j'ai voulu loger chez vous, parce que vous avez » ma confiance et celle de mes alliés. Nous n'avons voulu rien arrêter » avant que de vous avoir entendu. Vous connaissez la France, ses » besoins et ses désirs : dites ce qu'il faut faire, et nous le ferons. » J'ai répondu.: « Sire, des intrigants de plus d'une espèce vont s'agiter » autour de vous; mais, et souffrez l'expression, ni vous ni moi ne » sommes assez forts pour faire réussir une intrigue, si haut qu'elle » se rallie; mais nous pouvons tout avec un principe. Je pro- » pose d'admettre celui de la légitimité qui rappelle au trône les

» princes de la maison de Bourbon. Ces princes rentrent aussitôt en
» communauté d'intérêt avec les autres maisons souveraines de l'Eu-
» rope, et celles-ci à leur tour trouvent une garantie de stabilité dans
» le principe qui aura sauvé cette ancienne famille. On sera fort avec
» cette doctrine à Paris, en France, en Europe. » — « Je la respecte,
» reprit l'Empereur, et suis charmé de vous l'entendre professer; mais
» croyez-vous que nous puissions faire recevoir les Bourbons? Ce que
» j'ai vu, ce que j'ai entendu sur ma route n'en donne pas d'espé-
» rance. Personne ne s'en occupe, on ne prononce leur nom nulle
» part; et comment des princes, aujourd'hui si peu connus, pour-
» raient-ils satisfaire les vœux des Français? » — « L'Empereur per-
» mettra-t-il que j'insiste sur la puissance d'un principe dont les
» princes de la maison de Bourbon apparaîtront comme des consé-
» quences nécessaires. Ils seront alors compris par tout le monde. »
— « Mais pouvez-vous compter sur le concours des grands corps de
» l'Etat? »—« On l'obtiendra dès que Votre Majesté se sera prononcée :
» qu'aujourd'hui même elle annonce publiquement qu'Elle et ses alliés
» n'accordent à Bonaparte ni paix ni trève; et la place une fois nette,
» c'est par les corps de l'État eux-mêmes que nous ferons réclamer les
» princes de la maison de Bourbon. » — « Mais le sénat n'y consen-
» tira jamais? » — « Sire, j'en fais mon affaire. » — « A la bonne
» heure, vous m'avez à peu près converti; il vous reste à en faire au-
» tant du Roi de Prusse et du prince de Schwarzemberg, que vous
» trouverez, je vous en avertis, plus prévenu que je ne l'étais moi-
» même, de la difficulté du rétablissement de la maison de Bourbon.»
M. de Talleyrand ajouta : « Ce n'est pas sans peine que j'ai rattaché
» à mon avis le Roi de Prusse; j'en ai eu davantage encore avec
» Schwartzemberg; mais enfin tous les souverains sont parfaitement
» d'accord. L'Empereur de Russie loge toujours ici, quoique je lui aie
» fait préparer le palais de l'Élysée. Il veut être plus près de moi et
» de nos affaires. Sa confiance en moi est toujours la même. Bonaparte
» est à Fontainebleau; il y est sans dignité et sans courage. Je lui ai
» fait demander son abdication et je compte la recevoir demain ou
» après; les journaux vous ont dit le reste. Maintenant, emparez-vous
» du ministère de l'intérieur : c'est celui où il y a le plus à faire au-
» jourd'hui. Ecrivez une bonne circulaire aux préfets pour leur expo-
» ser l'état des choses et leur tracer des règles de conduite. Flattez-
» les, car nous en avons besoin. Soutenez de votre mieux l'ancienne
» administration; on la corrigera quand le moment sera venu. »

Je répondis à M. de Talleyrand que j'étais honoré de recevoir de sa
part une mission de cette importance, mais qu'il me restait quelques
scrupules sur le droit d'accepter. Je lui exposai que je me croyais lié
par mes serments à l'Empereur Napoléon, aussi longtemps qu'il n'au-

rait pas abdiqué. Tout autre que M. de Talleyrand se serait formalisé de m'entendre vanter des scrupules qu'il n'avait pas eus lui-même; mais il a en telles matières une facilité et une tolérance parfaites. D'ailleurs, il ne lui venait pas dans la pensée que sur ce point, comme sur tout autre, il y eut rien de commun entre lui et moi. Il se contenta de me répondre qu'il ne savait ce que je voulais dire; qu'il n'y avait plus d'Empereur en France, et qu'avec mes beaux sentiments je ne pouvais rien pour ni contre l'homme qui ne commandait plus nulle part et pas même à Fontainebleau. Au reste, il me répétait que demain ou après il recevrait son abdication, et que jusque-là M. Benoist pouvait continuer de signer. Je sortis de cet entretien, tout ébloui de la lumière nouvelle que M. de Talleyrand venait de répandre autour de moi, et je le laissai persuadé que je ne serais jamais qu'un de ces honnêtes bourgeois peu propres aux grandes affaires, parce qu'ils ne savent pas distinguer la morale de la politique, et faire au besoin le sacrifice de l'une à l'autre.

L'abdication de Bonaparte n'arriva que deux jours après cet entretien. Pendant ces deux jours, M. Benoist, qui avait pris le portefeuille jusqu'à mon arrivée, garda la signature. Je m'occupai d'une note à soumettre au gouvernement provisoire sur la direction que je croyais utile de donner aux affaires de l'intérieur, et je préparai la circulaire dont M. de Talleyrand m'avait fourni l'idée. Le ministère de l'intérieur était dans la confusion qu'on peut s'imaginer. Une charpente immense, sous laquelle une partie de l'Europe était abritée, venait de s'écrouler sur elle-même, et on ne se reconnaissait pas entre les débris. Dans la partie de la France, occupée par les armées ennemies, les autorités avaient cédé la place à des mandataires installés par leurs généraux, et qui ne relevaient que de ceux-ci. Dans le reste du royaume, les pouvoirs étaient paralysés par l'incertitude, la crainte et l'espèce d'émotion qui est inséparable d'une grande attente. Cependant les communications étaient interrompues par la destruction presque complète des routes sur la ligne que les armées avaient parcourue. L'air était infecté par le grand nombre de chevaux morts qu'on n'avait pas eu le temps d'enfouir; et même les cadavres humains étaient restés sans sépulture. Les plaintes arrivaient de toutes parts sur les exigences cruelles des troupes ennemies. La paix, déjà convenue à Paris, n'avait point arrêté la désolation des provinces. Sans doute on ne doit pas ajouter entièrement foi aux tableaux qu'avaient envoyés à l'Empereur de jeunes auditeurs, passés des bancs de la rhétorique au conseil d'État, et entre lesquels il semblait qu'il y eût un concours ouvert à qui offrirait les scènes les plus hideuses; mais il est vrai que l'ennemi laissait sur ses traces des actes de barbarie inouïs dans les guerres modernes. On avait surtout à en faire le reproche aux troupes des puissances de la confédération du Rhin qui longtemps avaient suivi nos drapeaux ; elles en donnaient pour excuse qu'elles s'étaient formées à notre école dans l'art de la dévastation, et ce n'est qu'une injure de plus. J'avais suivi l'armée française victorieuse après la journée d'Iéna, et quoiqu'alors l'Empereur y eût produit de l'excitation par des bulletins et des ordres du jour qui témoignaient des ressentiments personnels contre la maison de Prusse, les soldats n'abusaient pas du droit du plus fort contre des populations désarmées. La victoire ne rend pas le Français impitoyable et farouche ; elle développe au contraire son penchant naturel à la douceur et à la gaieté. Le corps de garde a ses bons mots, et le bivouac ses bons tours, et là encore, en y regardant de près, on retrouve cette nation si légère et si aimable, qui se rit de tout, même de ses dangers, et qui plaisante de tout, même de la victoire. Demandez de l'héroïsme à un tel soldat, mais ne lui demandez pas de la barbarie : elle n'est pas de sa nature.

La correspondance qui aboutissait alors au ministère de l'intérieur était immense ; dès qu'on avait entendu parler d'un gouvernement nouveau, de toutes parts on s'était adressé à lui. Dans un moment d'interrègne un point central d'administration tient lieu de tous les pouvoirs ; à peine j'avais le temps d'ouvrir les paquets et de noter très sommairement les réponses à y faire. J'avais, dans les premiers jours, composé un portefeuille des affaires les plus importantes, et je m'étais présenté au gouvernement provisoire pour lui demander des décisions, il n'y avait pas moyen d'en obtenir une minute d'audience. Dans mon chagrin j'épiais en particulier M. de Talleyrand, je n'en obtenais que des mots légers ou piquants par lesquels il sait toujours se débarrasser de ce qui l'importune. Convaincu que je n'avais aucun secours à espérer du gouvernement provisoire, je me tins pour abandonné à moi-même, et je résolus d'en faire à ma tête et de tâcher que ce fût pour le mieux. Je remis à des temps plus calmes les affaires particulières pour ne m'occuper que de trois choses essentielles : les approvisionnements des marchés, la salubrité du pays, le rétablissement des communications. Je fus promptement tranquillisé sur le chapitre des blés ; la récolte avait été abondante, et les besoins ne se faisaient guère sentir que sur les lignes que les armées avaient suivies, encore faut-il faire exception pour la ligne du midi que suivait l'armée du duc de Wellington. Comme ce général avait pris le parti de payer tout au comptant, et tout au poids de l'or, il avait attiré sur son passage les denrées en une telle abondance, que, même après la consommation extraordinaire que ce passage occasionnait, les denrées baissaient de prix. Je fis dresser un tableau de comparaison du prix des denrées dans tout le royaume au mois de mai 1814, avec des notes explicatives, et je le remis depuis à Louis XVIII, afin de lui montrer le secret pour une armée d'avoir tout en abondance en pays ennemi, et j'ai lieu de croire que Sa Majesté ne l'avait pas oublié, puisqu'elle s'en servit pour la guerre d'Espagne, et avec un égal succès. Je n'étais embarrassé que pour fournir de l'avoine à quarante mille chevaux, qui se concentraient successivement sur le point de Paris. J'appelai à mon aide, pour tout ce qui tenait aux subsistances, M. Vanlerbergue, négociant estimable et des plus capables. Je lui avais vu rendre à l'Empereur de grands services dont il avait été, suivant l'usage, fort mal payé, et il fut d'autant plus empressé à me seconder, que je l'avais défendu dans un temps où, bien qu'il eût raison, il y avait quelque courage à le faire. Vanlerbergue écrivit, sur mon bureau même, une soumission que j'acceptai; depuis ce moment je n'entendis plus parler de subsistances, et l'avoine devint si commune à Paris, que le prix n'en augmenta que faiblement pendant le premier mois, et descendit le mois suivant au prix commun. Je demandais en même temps au comité de salubrité d'indiquer les moyens les moins dangereux de purger le sol français des corps morts qui l'infectaient, et le comité ne m'eut pas sitôt répondu, que je fis partir en poste des commissaires à qui je recommandai de ne pas perdre un instant pour faire disparaître ces tristes et dangereux restes des fureurs de la guerre; j'eus la satisfaction d'être servi à souhait.

Je m'occupai ensuite du rétablissement provisoire des communications; l'administration des postes m'indiqua les besoins les plus urgents; ils étaient immenses, et je jugeai que c'était une dette à acquitter en plus d'une année; cependant il fallait pourvoir au plus pressé, et tâcher de restituer un passage quelconque sur des ponts abattus et des routes enfoncées. Les autorités locales s'y prêtèrent avec zèle, et leurs efforts, dirigés par MM. les ingénieurs des ponts et chaussées, firent, non pas que les communications fussent rétablies, mais qu'on pût attendre leur rétablissement. J'eus encore à m'occuper d'un article important, des contributions de toute nature qui se levaient dans les diverses localités pour suffire aux exigences des troupes ennemies devenues troupes alliées, exigences qui, sous ce dernier titre, n'étaient pas moins acerbes et moins étendues que sous le premier. Il n'y avait, de la part du ministère de l'intérieur, rien à prescrire, rien à ordonner, car il manquait de bases sur lesquelles on pût s'asseoir : tout était abandonné à l'arbitraire armé; je me contentai d'adresser une circulaire où j'indiquais quelles mesures me paraissaient convenables à suivre pour distribuer, dans de justes proortions, cette charge de guerre sur les propriétaires, et quelles précautions on devait prendre pour constater le montant des sommes avancées, parce qu'on aurait un jour à les rembourser. Je rétablis ensuite la correspondance avec les préfets. J'expédiais promptement les affaires qui en étaient susceptibles, et je tâchais de répandre partout l'espérance dont je me sentais moi-même animé, et je veux la consigner ici en l'honneur d'administrateurs entre lesquels j'ai tenu longtemps ma place. Dans ce moment extrême où la moitié de la France était conquise ou dévastée ; dans ce passage difficile et douloureux du gouvernement impérial à celui de la maison de Bourbon, l'amour du pays inspira à tous les préfets des efforts de courage, de constance, et, au besoin, d'intrépidité. Ces administrateurs avaient été formés à une excellente école que rien encore n'a remplacée ; aussi, et pendant le peu de temps que j'ai gardé le portefeuille de l'intérieur, ai-je lutté contre des destitutions qui m'étaient demandées, même par des membres du gouvernement. Je ne voulais pas attacher à mon nom les prémices du méchant système qui n'a été que trop suivi ; je ne remplaçai que deux des préfets qui, en quittant volontairement leurs postes, avaient donné leur démission d'une manière implicite, et je ne le fis qu'avec précaution, et après m'être assuré qu'ils ne se souciaient pas de rentrer. Telle est la marche que j'ai constamment suivie pendant le court intervalle que le portefeuille de l'intérieur a passé dans mes mains ; je savais que j'aurais tout au plus le temps de préparer les voies à celui qui serait définitivement nommé au ministère, car je n'avais pas la prétention que cela pût me regarder : je n'y aurais apporté que quelque expérience et de la laboriosité, et déjà ce portefeuille était réservé à un homme pourvu d'un grand nom, de l'extérieur le plus aimable, et de la plus complète ignorance des affaires ; aussi Dieu sait comme il les a laissé conduire !

J'avais renoncé à proposer au gouvernement provisoire rien qui appelât une décision, mais j'allais après minuit chez M. de Talleyrand, parce que c'était là l'instant de la journée où on pouvait le saisir. Il descendait de chez l'Empereur de Russie, où il venait de faire une main à fond avec toutes les puissances de l'Europe sur la marche des affaires : rien ne s'écrivait là, pas plus que chez l'Empereur de l'Allemagne, pas plus qu'au gouvernement provisoire. Le sort du monde se ballottait dans des conversations ou des tête-à-tête de M. de Talleyrand avec chacun des souverains, et surtout avec l'Empereur de Russie, qui continuait de s'abandonner entièrement à lui. M. de Talleyrand était parvenu, avec l'habileté qu'on lui connaît, à donner insensiblement cette direction aux affaires, parce que c'est celle où il a tous ses avantages ; mais bientôt les embarras sérieux commencèrent. Je veux en indiquer l'origine en détail, parce qu'elle rendra raison de la position où la France se trouve depuis 1814, position singulière où deux classes de Français réunis sur le même sol, et par les mêmes lois, n'ont pas encore su se confondre ni même s'accorder.

Les ennemis des Bourbons ont dit et répété, et ils redisent encore, que ces princes revinrent en 1814, *à la suite du bagage des étrangers,* selon l'expression usitée. Ils arrivaient si peu dans ce misérable appareil, que le duc de Wellington refusait à Bordeaux de voir M. le duc d'Angoulême, qui s'était jeté dans cette ville avec plus de résolution que de prudence ; et lorsque les magistrats consultaient le général anglais sur la conduite qu'ils devaient tenir avec le prince, le duc de Wellington répondait qu'il ne croyait pas prudent de s'aventurer avec le duc d'Angoulême, quand on négociait encore à Châtillon avec les plénipotentiaires de l'Empereur Napoléon. Dans le même temps, Monsieur parcourait avec timidité les villes de la Lorraine, encore plus soucieux de se soustraire aux commandants autrichiens qu'aux autorités du pays ; il était fort loin d'invoquer en rien les forces étrangères, et l'eût fait sans succès. Il s'était réfugié à Vesoul, où il était visité par quelques gentilshommes des environs, et évité par le plus grand nombre. L'Empereur de Russie déclarait, le 31 mars, dans une proclamation, que les souverains ne reconnaîtraient et ne garantiraient que la constitution que la nation française se donnerait ; et en répondant à une députation du sénat, le 2 avril suivant, le même prince s'exprimait ainsi : « Il est juste, il est sage de donner à la » France des institutions fortes et libérales en rapport avec les lu- » mières actuelles ; mes alliés et moi nous ne venons que pour pro- » téger la liberté de vos décisions. » Ce ne fut que quatre jours après, et lorsque le sénat, par sa constitution, eut rappelé au trône Louis Xavier de France, que les princes de cette maison furent reconnus là où ils se trouvaient : auparavant, et quoique la France fût couverte de deux cent mille étrangers, ils n'avaient qu'une existence méconnue et hasardeuse. J'étais alors assez rapproché des conseils des princes étrangers ; j'avais eu, durant mon séjour en Allemagne, l'occasion de connaître personnellement quelques-uns de leurs principaux ministres ; j'ai pu, mieux qu'un autre, connaître à fond les dispositions des cours, et je reste persuadé que si le sénat eût appelé au trône de France une famille autre que celle des Bourbons, elle eût été acceptée de l'Europe, je ne dirai pas sans difficulté, mais avec une sorte de complaisance, tant était répandu autour des souverains le préjugé, ou cette prédiction de l'Empereur Alexandre, que les princes de la maison de Bourbon trouveraient de grandes difficultés à s'établir en France. Ce qui s'était passé à Bordeaux ne dérange rien à ce que je viens d'avancer ; l'exaltation des Bordelais était tout entière au fond de leurs futailles amoncelées, et ils auraient accueilli tout autre prince que le duc d'Angoulême qui leur aurait procuré avec la paix l'écoulement de cinq récoltes de leurs vignobles sous lesquelles ils étaient écrasés.

La constitution provisoire délibérée par le sénat une fois publiée,

Monsieur ne pouvait plus garder en France l'état incertain sous lequel il y avait vécu jusques-là. Le gouvernement provisoire craignait qu'il ne s'élevât autour d'un prince quelque autorité rivale de la sienne, et il prit le parti d'envoyer auprès de lui pour lui communiquer la constitution délibérée par le sénat, et le prier de venir se placer lui-même à la tête du gouvernement. On délibéra sur le titre que le prince devait prendre, et des précédents applicables à la position indiquèrent celui de lieutenant-général du royaume.

C'est à ce premier message vers Monsieur, et à ce premier pas du prince dans les affaires du pays, qu'il faut rapporter l'origine de sa constante opposition au gouvernement donné à la France par son frère.

M. le comte d'Artois avait quitté Versailles au mois de juillet 1789, et avait dès lors déclaré à la révolution une guerre sur laquelle il ne s'est jamais réfroidi ; son exemple, ses exhortations, ses appels avaient déterminé l'émigration. Il régnait sur elle, lorsque le comte de Provence vint le rejoindre par un incident du malheureux voyage de Varennes. La primogéniture lui donnait des droits sur M. le comte d'Artois, mais celui-ci était en possession du premier rang, il était pur de tout contact avec la révolution. Doué de qualités brillantes, et même un peu légères, chevalier français par les manières et par le cœur, il sympathisait mieux que son frère avec les passions des émigrés. On reprochait à celui-ci ses goûts studieux, sa philosophie, et de ne s'être pas montré aussi adverse qu'il le fallait aux opinions qui dominaient en France. Le comte de Provence obtint donc les témoignages de respect qu'on ne pouvait pas dénier à son rang, mais le crédit, la confiance, la suprématie véritable, restèrent à M. le comte d'Artois. De là, entre les deux frères, un ferment de jalousie qui a bientôt dégénéré en une véritable division. Les deux frères ne voyaient pas du même œil leurs intérêts, ni au dehors, ni dans l'intérieur de la France, et même après que le comte de Provence eut affecté la couronne sous le titre de Louis XVIII, le comte d'Artois, devenu Monsieur, n'en conserva pas moins sur la France un genre d'action dont le Roi n'approuvait ni les principes, ni les moyens. Aussi a-t-on vu souvent des partisans de Monsieur emprisonnés, traduits en jugement, condamnés, et rien de tel n'est arrivé à ceux de Louis XVIII, c'est qu'ils recevaient des missions fort différentes : il était ordonné aux uns d'agir à tout prix et par tout moyen ; aux autres, d'observer avec une grande circonspection. Il n'était pas difficile à l'Empereur de s'emparer des premiers, à peine a-t-il soupçonné l'existence des autres.

Au mois d'avril 1814, à l'époque de la Restauration, la très grande partie des émigrés étaient rentrés. Ceux auxquels il ne restait aucune fortune s'étaient jetés sur les emplois d'administration que l'Empereur leur avait présentés ; ceux qui appartenaient à des familles que la révolution avait ébranlées et n'avait pu détruire, vinrent s'y replacer et vivaient retirés , mais fidèles à la religion de l'ancienne royauté. Plusieurs même, ennuyés de ce culte stérile, s'étaient lancés à la cour de l'Empereur ou dans l'armée; ils y affectaient un grand dévoue-ment; mais rentrés dans l'intérieur du foyer domestique, ils se trouvaient dans des liens de parenté et d'amitié qu'il leur était impossible de rompre, et l'ancien gentilhomme, avec ses souvenirs, ses regrets, et jusqu'à sa langue, se reproduisait sous l'habit du chambellan, et les épaulettes de l'officier-général. L'émigration avait eu aussi ses enfants perdus, des hommes jeunes encore, façonnés à la vie aventureuse qu'ils avaient longtemps menée, pour qui tout désordre est une bonne fortune, et qui n'étaient rentrés en France que pour en faire naître et en vivre. C'est entre ceux-ci que se recrutaient les bandes qui ont si longtemps désolé la Bretagne et la Basse-Normandie, et qui mettaient de véritables forfaits sous la protection de la cause royale, pour laquelle elles se disaient armées. Des guerres continuelles au-dehors, au-dedans une police redoutable, le besoin de l'ordre généralement senti, avaient mis un terme à ces excès. Mais les instruments n'en étaient pas tous brisés. Ensuite la gloire immense de l'Empereur, son ascendant si longtemps irrésistible au dedans comme au dehors, avaient pu refouler jusque dans l'intimité du secret les opinions qui lui étaient opposées; mais toujours elles s'y conservaient, et on en eut la preuve dès les premières infidélités que lui fit la fortune.

Ces opinions éclatèrent au moment de la Restauration. Le parti des émigrés, et en général le parti royaliste, vit avec chagrin que l'honneur du rappel de la maison de Bourbon fut échu à des hommes qui, à un seul près, avaient vieilli au service de la révolution ou de l'Empereur. Il n'y avait, en effet, que M. l'abbé de Montesquiou qui fit exception, et il paraissait au milieu des autres moins comme un véritable coopérateur que comme un observateur dévoué dès l'enfance, et jusque dans ces derniers temps, au prince qu'il s'agissait de rappeler. Je me rappelle une conversation que j'eus à ce sujet avec madame la comtesse Charles de Damas : « Vous vous souvenez, me
» disait-elle, que je soutenais, en 1794, que c'était un grand malheur
» pour nous que Robespierre eût succombé sous les coups de ses
» amis, parce que son système restait. Eh bien! aujourd'hui, en ad-
» mettant une juste et grande différence entre les hommes et les
» choses, je soutiens que c'est un mal que la maison de Bourbon soit
» rappelée par des hommes de la révolution, parce que leur système
» restera encore. » — « Mais ces hommes, répondis-je, sont bien cor-
» rigés. » — « C'est ce que nous verrons peut-être; mais si je le vois, je
» ne mourrai pas sans avoir été témoin d'un miracle. »

Cependant, la partie sage des royalistes, et surtout ceux qui avaient pris couleur auprès de l'Empereur, ne s'élevaient pas contre la composition du gouvernement provisoire; ils exprimaient seulement le regret de n'y voir pas figurer un ou deux personnages des leurs. Mais la partie ardente essaya bientôt d'élever autel contre autel, irritée qu'elle était d'avoir été accueillie quand on avait cru avoir besoin d'elle, puis repoussée quand le gouvernement provisoire, muni de l'abdication de l'Empereur, jugea que les services des hommes de cette trempe ne pouvaient plus être utiles et pouvaient devenir dangereux. En effet, dans les premiers jours d'avril, et lorsqu'on ignorait quel genre de résistance on aurait à essuyer de la part de l'Empereur et de ses partisans dans la capitale, on avait reçu au gouvernement provisoire et même encouragé quelques aventuriers qui enchérissaient entre eux à qui proposerait des prodiges. M. de Talleyrand laissait parler les uns, sans dire mot, et à l'attention qu'il avait l'air de leur prêter, il les renvoyait convaincus qu'il les avait approuvés. Il distribuait aux autres de ces signes ou de ces mots enveloppés dont il a le secret pour faire des dupes sans se compromettre; et ce sera quelque chose de semblable qu'il aura laissé tomber sur le marquis de Maubreuil, et que celui-ci aura pris pour un encouragement. Quoique Maubreuil l'ait mille fois répété, et qu'il ait perdu la tête à force de le répéter, je ne crois pas que M. de Talleyrand soit coupable de cette atroce excitation : Maubreuil lui a passé sous les yeux comme bon nombre de ses pareils. C'est un fait dont je ne doute pas, parce qu'il m'a été attesté par la personne qui l'a présenté. M. de Talleyrand ne lui aura pas accordé plus d'attention qu'à un autre, dût-il même avoir fait les plus extravagantes propositions, et Maubreuil aura conclu du silence qu'on l'avait approuvé. Car en même temps que je tiens M. de Talleyrand pour innocent de l'excitation, je le crois fort capable de n'avoir pas rappelé Maubreuil aux principes de la morale et de l'honneur, et de l'avoir abandonné à son mauvais génie, puisqu'en dernière analyse le succès le plus noir de ce génie mettait M. de Talleyrand plus à l'aise.

Je citerai une anecdote pour prouver d'autant plus comment M. de Talleyrand, au milieu des plus graves occupations, fait contribuer à ses propres plaisirs les gens qui l'approchent. Le jour où le gouvernement provisoire fut formé, l'archevêque de Malines se présenta chez M. de Talleyrand, et montra quelque surprise qu'on eût élevé une semblable machine sans qu'on lui eût réservé une place; il demanda, avec humeur, au prince ce qu'on prétend faire de lui; car enfin on ne peut pas le laisser de côté dans un pareil moment. — « Eh! qui veut vous laisser de côté, reprend le prince, vous pouvez à » l'instant même rendre le plus notable service : avez-vous un mou-

» choir blanc ? » — « Oui. » — « Mais très blanc ? » — « Sans doute. »
« — Eh bien ! montrez-le. » — L'archevêque tire son mouchoir de sa
poche ; M. de Talleyrand le prend, le déploie, et le saisissant par
l'une des cornes, en fait une sorte de drapeau qu'il agite en tous les
sens en criant : « Vive le Roi ! » — « Vous voyez ce que je viens de
» faire : maintenant, descendez ; prenez le boulevard de la Madeleine
» et suivez-le jusqu'au faubourg Saint-Antoine, toujours en agitant
» votre mouchoir, et criant : « Vive le Roi ! » — « Mais, prince, vous
» n'y pensez pas : considérez donc mon costume ; je suis coiffé
» en ecclésiastique ; je porte ma croix, mon ordre de la Légion-d'Hon-
» neur. » — « Précisément ; si vous n'étiez pas habillé de la sorte, il
» faudrait aller faire votre toilette. Votre croix d'évêque, votre toupet,
» votre rond poudré, tout cela fera scandale, et c'est du scandale
» qu'il nous faut. » — Qui le croira : l'auteur de tant d'ouvrages,
entre lesquels il s'en trouve de remarquables, l'un des hommes de
France qui a le plus d'esprit, M. de Pradt, enfin, descend l'escalier de
M. de Talleyrand pour aller jouer cette mascarade. Elle lui réussit
assez bien, d'abord : il suivait les boulevards en jouant le rôle convenu, et avait, comme de raison, ramassé un cortége assez nombreux
de polissons et de curieux ; mais, parvenu au boulevard Poissonnière,
il donna dans une veine de Bonapartistes qui chargèrent l'archevêque
et sa troupe, et l'obligèrent de retourner sur ses pas. Pressé dans sa
retraite, force lui fut de mettre son drapeau dans sa poche et de se
jeter dans les bas côtés. Il regagna à toutes jambes le quartier général de la rue Saint-Florentin, où il arriva essoufflé et crotté jusqu'à
l'échine. Le scandale ne pouvait pas-être plus complet et plus gai.
L'archevêque, fidèle à son caractère, s'étendit avec emphase sur son
audace et ses succès. Il raconta qu'il avait, au bout du compte, con-
quis à la cause royale une portion notable de la capitale ; s'il n'avait
pas poussé au-delà du faubourg Poissonnière, c'est qu'à vrai dire, il y
avait eu de sa part excès de confiance à entreprendre seul une aven-
ture dont tout autre ne se serait chargé qu'avec de bons escadrons
bien montés. Au reste, il n'avait pas fui, et à la manière fière dont il
a regardé la multitude, il a bien fait voir que rien n'était capable de
lui en imposer, pas plus le regard de Bonaparte menaçant que
l'*ardor civium prava jubentium.* » Et M. de Talleyrand d'écouter
froidement et de lui répondre : « Je vous avais bien dit qu'habillé
comme vous voilà vous feriez un effet prodigieux. »

Le gouvernement provisoire ne devait pas perdre de temps, et il
n'en perdait pas : le 3 avril le sénat avait prononcé la déchéance de
l'Empereur. La constitution qui devait remplacer son gouvernement
avait été publiée le 7, et le même jour, le gouvernement avait envoyé
à Monsieur, comme je l'ai dit, une personne de confiance pour hâter

son retour. Le choix était tombé sur M. de Vitrolles. M. de Vitrolles est homme de beaucoup d'esprit, et de finesse dans l'esprit, et remarquable par le charme qu'il répand sur les rapports qu'on a avec lui. Fort enclin aux combinaisons sérieuses, avec assez de caractère pour les pousser loin, il les cache sous la politesse des manières, la douceur et un caquetage de bonne compagnie. C'est à ces qualités aimables que M. de Talleyrand s'était laissé prendre, et il ne doutait pas que M. de Vitrolles ne suivit bien ponctuellement les instructions qu'il lui avait données, et que ce messager ne fût un complaisant comme un autre. Sa surprise fut extrême à la lecture de la première dépêche qu'il en reçut, cette dépêche contenait le détail de l'audience que M. de Vitrolles avait obtenue de Monsieur. Le prince était censé lui avoir fait un tableau frappant des souffrances de toute nature dont il était le témoin, et avoir insisté sur la nécessité d'y porter promptement remède. Le prince pensait que c'était de cela qu'il fallait s'occuper, plutôt que d'une constitution dont il n'avait entendu parler nulle part, et dont il serait temps de s'occuper quand la France aurait recouvré son indépendance et sa tranquillité. La lettre était forte de choses et remarquable par le style. A la lecture, je me félicitai des progrès que M. le comte d'Artois avait faits dans la politique et le talent d'écrire, et j'ajoutai qu'en tout l'infortune était un grand maître. M. de Talleyrand cherchait à deviner l'auteur de cette production qu'il n'attribuait pas à M. de Vitrolles, et au prince encore moins. J'avais eu l'occasion de connaitre le premier en Allemagne, et je savais l'étendue de sa capacité. Il ne me fut donc pas malaisé d'arrêter M. de Talleyrand sur lui comme sur l'auteur de la lettre, et dès lors, M. de Talleyrand le raya dans sa pensée des hommes dont il pouvait disposer, et commença à le redouter comme un ennemi possible. Cette disposition du prince a, depuis, singulièrement fructifié. M. de Vitrolles jugea qu'il y avait à prendre auprès du comte d'Artois une place que M. de Talleyrand n'occuperait jamais, celle d'un émigré, homme d'esprit, ce qui n'était pas commun ; ennemi prononcé de la révolution ; rêvant comme praticable le retour d'une bonne partie de l'ancien gouvernement, et fertile en expédients pour arriver là, ou au moins pour y tendre. Aisément, cette place fut saisie par M. de Vitrolles, qui remplissait à peu près ces conditions, et on lui doit de l'avoir occupée avec une rare fidélité à travers des dangers de plus d'une espèce, et quelquefois au péril de sa liberté et même de sa vie.

A cette première lettre, il en succéda une seconde plus courte et qui annonçait l'arrivée de Monsieur pour le 12. On se réunit, le 11 au soir, pour convenir du cérémonial du lendemain. La grande machine à magnificence de l'Empereur était démontée ; il ne restait pas un cheval dans les écuries, et la garde nationale était la seule troupe que nous eussions à montrer. On convint que l'expression de la joie publique ferait tous les frais de l'entrée, et qu'on abandonnerait aux cœurs des assistants la police de la fête; mais un cheval de parade était de rigueur pour celui qui tenait la place du Roi, et on ne savait où le trouver; je veux remarquer ici comment le hasard d'un mot suffit parfois pour créer une fortune : M. de Talleyrand prétendit que c'était à moi, comme ayant les haras dans mes attributions, à trouver le cheval dont on avait tant de besoin. Je me défendais de la plaisanterie pour empêcher qu'elle ne devint sérieuse, et j'ajoutai que je regrettais de n'avoir pas sous la main un M. de Vernon, que j'avais connu autrefois et qui serait merveilleux à nous tirer d'affaire. « Quel » Vernon? dit M. de Talleyrand. » — « Ma foi, un M. de Vernon que » j'ai connu écuyer de madame Élisabeth, et qui était l'assidu de la » marquise de Brisay, que nous avons tous deux vue à Brienne. » — « C'est cela justement, il ne s'agit que de déterrer votre M. de Ver-» non. » — Rien ne me fut plus facile en allant aux enquêtes dans la famille de madame de Brisay : deux heures après, le vieil écuyer était dans mon cabinet; il se chargea de la commission et la remplit à merveille, tant et si bien, qu'une fois produit, il n'a pas cessé d'administrer et de commander les écuries du Roi, et a ainsi trouvé, à la fin de sa carrière, des honneurs et des profits qu'il n'aurait pas osé rêver au début. Il faut, au reste, lui rendre cette justice, qu'il passait pour mettre beaucoup d'ordre dans son service; et pour en mettre jusque dans sa maison, il prit à soixante-seize ans le vigoureux parti d'épouser madame de Brisay, qui n'en avait pas moins de soixante dix, et que la légitimité conjugale a tellement rajeunie, qu'encore que ce mariage date déjà de huit à dix ans, on la voit, toujours droite et toujours leste, courir les bals, les soirées et les sermons de charité. Et voyez comme va le monde : très probablement, rien de tel ne serait arrivé si on ne m'eût renvoyé par plaisanterie le soin de trouver un cheval pour l'entrée de Monsieur, et si ce nom de Vernon n'était pas resté logé, depuis trente ou quarante ans, dans un des recoins de ma mémoire, d'où l'embarras du moment l'a déniché.

Le lendemain, 12 avril, on se mit en marche pour aller au devant de Monsieur. Le temps était admirable; c'était un de ces premiers jours du printemps, ravissants sous la température de Paris, où le soleil brille de tout son éclat, et ne distribue qu'une chaleur douce aux germes encore tendres qui sourdissent de toutes parts. Quelques fleurs déjà entr'ouvertes, un verd tendre qui commençait à poindre sur es arbres; le chant des oiseaux printanniers; l'air de joie répandu sur les figures, et le vieux refrain du bon Henri qui marquait la marche, avaient signalé cette entrée comme la fête de l'Espérance. Il y régnait peu d'ordre, mais on y répandait des larmes. Dès qu'on vit paraître le prince, M. de Talleyrand alla à sa rencontre, et en s'appuyant sur le cheval du prince, avec la grâce nonchalante qu'autorise la faiblesse de ses jambes, il lui débita un compliment en quatre lignes, frappé au coin d'une sensibilité exquise. Le prince, qui de toutes parts se sentait pressé par des Français, était trop ému pour pouvoir répondre; il dit d'une voix étouffée par les sanglots : — « Monsieur de Talleyrand, » messieurs, je vous remercie ; je suis trop heureux ; marchons, mar- » chons; je suis trop heureux. » Nous avons entendu depuis le même prince répondre avec de la présence d'esprit et du bonheur aux harangues qu'on lui faisait; mais pour ceux qui l'ont vu et qui l'ont entendu à son entrée à Paris, il ne fut jamais aussi éloquent que ce jour-là. Le cortége se mit en marche pour Notre-Dame, suivant l'antique usage d'aller porter à Dieu, dans la première église de Paris, les hommages solennels des Français pour chaque événement heureux. La garde nationale formait le fond du cortége, mais il se composait aussi d'officiers russes, autrichiens, prussiens, espagnols, portugais, à la tête desquels le prince apparaissait comme un ange de paix descendu au milieu de la grande famille européenne. Depuis la barrière de Bondy jusqu'au parvis Notre-Dame, il n'y avait pas une fenêtre qui ne fût garnie de figures rayonnantes de joie. Le peuple, répandu dans les rues, poursuivait le prince de ses applaudissements et de ses cris. A peine pouvait-il avancer, au milieu de l'ivresse générale, et il répondit à quelqu'un qui voulait écarter de si douces entraves : — « Laissez, » monsieur, laissez, j'arriverai toujours trop tôt. » C'est ainsi que le prince fut, s'il est permis de le dire, porté jusqu'à Notre-Dame sur les cœurs des Français; et à son entrée dans le sanctuaire, lorsqu'il se prosterna aux pieds de l'autel qui avait, durant tant de siècles, reçu les prières de ses pères, un rayon de lumière très vive vint frapper sur sa figure, et lui imprima je ne sais quoi de céleste. Il priait avec ardeur; tous priaient avec lui. Des larmes mouillaient nos yeux ; il en échappait aux étrangers eux-mêmes. Oh! avec quelle vérité, avec quelle ardeur chaque strophe de l'hymne de la reconnaissance était poussée vers les cieux! A la fin de la cérémonie, de vieux serviteurs du prince, qui avaient pleuré trente ans son absence, embrassaient ses genoux, et il les relevait avec cette grâce du cœur si touchante et qui lui est si naturelle. Le retour, de Notre-Dame aux Tuileries, ne fut pas moins animé, moins heureux; et parvenu dans la cour du palais, le prince descendit de cheval, et adressa à la garde nationale une allocution parfaitement appliquée à sa situation. Il prit la main à plusieurs officiers et soldats, les pria de se souvenir de ce beau jour, et leur protesta que lui-même ne l'oublierait jamais. Je fis ouvrir devant le prince les porte du palais, et j'eus l'honneur de l'introduire dans l'aile qu'il devait habiter. Je lui demandai ses ordres pour le reste de

¹a journée, et l'heure à laquelle je devais me présenter le lendemain pour le travail. Le prince paraissait hésiter s'il me laisserait partir ou me retiendrait. Je crus m'apercevoir que c'était indulgence de sa part, et je lui dis que je craindrais de l'occuper une minute de plus, parce que je le supposais fatigué, et c'est à moi qu'il répondit : — «Comment » voulez-vous que je sois fatigué, le seul jour de bonheur que j'aie » goûté depuis trente ans? Ah! monsieur, quelle belle journée! dites » que je suis heureux et satisfait de tout le monde. Voilà mes ordres » pour aujourd'hui; à demain, à neuf heures du matin. »

En quittant le prince, je repris mon travail ordinaire et je le quittai sur les onze heures du soir pour aller chez M. de Talleyrand. Je le trouvai, s'entretenant de la journée avec MM. Pasquier, Dupont de Nemours et Anglès. On s'accordait à la trouver parfaite. M. de Talleyrand rappela qu'il fallait un article au *Moniteur*. Dupont s'offrit de le faire. — « Non pas, reprit M. de Talleyrand, vous y mettriez de la » poésie : je vous connais; B*** suffit pour cela; qu'il passe dans la » bibliothèque, et qu'il broche bien vite un article pour que nous l'en- » voyions à Sauvo. » Je me mets à la besogne, qui n'était pas fort épineuse; mais parvenu à la mention de la réponse du prince à M. de Talleyrand, j'y suis embarrassé. Quelques mots échappés à un senti- ment profond produisent de l'effet par le ton dont ils sont prononcés, par la présence des objets qui les ont provoqués; mais quand il s'agit de les traduire sur le papier, dépouillés de ces entours, ils ne sont plus que froids et trop heureux s'ils ne sont pas ridicules. Je reviens à M. de Talleyrand, et je lui fais part de la difficulté : — «Voyons, me » répond-il, qu'a dit Monsieur? je n'ai pas entendu grand'chose; » il me paraissait ému et fort curieux de continuer sa route; mais si » ce qu'il a dit ne vous convient pas, faites-lui une réponse. » — « Mais comment faire un discours que Monsieur n'a pas tenu? » — « La difficulté n'est pas là : faites-le bon, convenable à la personne et » au moment, et je vous promets que Monsieur l'acceptera, et si bien, » qu'au bout de deux jours il croira l'avoir fait, et il l'aura fait; vous » n'y serez plus pour rien. » — « A la bonne heure! » — Je rentre, j'essaie une première version, et je l'apporte à la censure. — « Ce » n'est pas cela, dit M. de Talleyrand : Monsieur ne fait point d'anti- » thèses et pas la plus petite fleur de rhétorique. Soyez court, soyez » simple, et dites ce qui convient davantage à celui qui parle et à ceux » qui écoutent : voilà tout. » — « Il me semble, reprit M. Pasquier, » que ce qui agite bon nombre d'esprits est la crainte des changements » que doit occasionner le retour des princes de la maison de Bourbon; » il faudrait peut-être toucher ce point, mais avec délicatesse. » — « Bien! et je le recommande, dit M. de Talleyrand. » J'essaie une nouvelle version et je suis renvoyé une seconde fois, parce que j'ai été trop long et que le style est apprêté. Enfin, j'accouche de celle qui est au *Moniteur,* et où je fais dire au prince : « Plus de division : la » paix et la France; je la revois enfin! et rien n'y est changé, si ce » n'est qu'il s'y trouve un Français de plus! » — « Pour cette fois, je » me rends, reprit enfin le grand censeur : c'est bien là le discours de » Monsieur, et je vous réponds que c'est lui qui l'a fait; vous pouvez » être tranquille à présent. » Et en effet le mot fit fortune : les journaux s'en emparèrent comme d'un à-propos heureux; on le reproduisit aussi comme un engagement pris par le prince, et le mot du *Français de plus* devint le passeport obligé des harangues qui vinrent pleuvoir de toutes parts. Le prince ne dédaigna pas de le commenter dans ses réponses, et la prophétie de M de Talleyrand fut complètement réalisée.

Je me rendis aux Tuileries le lendemain matin. Le prince me reçut, non pas avec bonté, ce serait trop peu dire, mais avec une touchante cordialité; ses traits, son port, ses gestes, tout était animé, rajeuni, embelli par le sentiment du bonheur. Je reconnus ce comte d'Artois que dans ma jeunesse j'avais admiré de loin comme un modèle élevé de l'élégance et de la grâce. Ce souvenir des beaux jours de ma vie, ce tête-à-tête qu'alors je n'aurais pas osé rêver, cette présence si douce et si aimable m'attendrirent jusqu'aux larmes. Je n'avais rien éprouvé de pareil avec Napoléon; il n'était pas le fils de saint Louis; son génie m'imposait; mais tous les souvenirs, toutes les études de ma vie, tous les respects de ma jeunesse ne s'étaient pas attachés à sa race. Il disait plus que la France, mais il ne disait pas cette vieille France, dont rien n'avait pu distraire les hommes de mon âge. Mon émotion n'avait point échappé au prince, qui me prit les mains et me dit en les serrant : — «Je vois bien que je peux compter sur vous, et » vous pouvez compter sur moi. Savez-vous, monsieur B..., que je » viens de faire ce que je n'avais pas encore fait de ma vie. Devinez » quoi : allons, devinez. » — « Si je ne craignais pas de pêcher par un » excès de hardiesse, je devinerais une méchante action. » — « Non, » grâce à Dieu! mais j'ai fait le tour des Tuileries. Que voulez-vous? » voilà comme on nous élevait. Il y a, à Paris, une foule de belles » choses que je ne connais pas du tout; mais patience, je vous pro- » mets bien que je ferai connaissance avec elles. » Le prince était fort disposé à trouver tout bien; mais il était frappé du parti qu'on avait tiré des Tuileries, de la beauté de la place du Carrousel, et de celle du jardin. — « Croiriez-vous que j'ai entendu cent fois dire à Versailles » qu'il n'y avait aucun parti à tirer des Tuileries, et qu'elles étaient un » composé de galetas, et voilà des appartements commodes et magni- » fiques. Comment! c'était un officier de la cour de Bonaparte qui » occupait l'appartement où nous sommes? mais cela est incroyable.»

— « Cela est vrai; mais je prie Monsieur de me permettre d'ajouter
» que cet officier était le seul qui fût logé au château. »

J'avais quelques affaires de détail à communiquer au prince et des
signatures à lui demander ; il m'écouta avec attention et ne me dit
rien que de juste et de bien placé; il me témoigna de la confiance, et
je le quittai entièrement satisfait. Mais, deux jours après, je pus m'a-
percevoir que certains entours du prince agissaient déjà sur lui, et lui
imprimaient une direction qui avait ses dangers. Son esprit commençait à s'empreindre de préventions contre les personnes, que je
m'efforçais, le plus souvent sans succès, de dissiper.

Ces mêmes hommes s'étaient déja comptés et ralliés autour du
prince. Ce qu'il leur fallait, c'était surtout de l'argent, et ils dé-
ployaient une ardeur merveilleuse à rechercher les moyens de s'en
procurer. La cour impériale, en se rendant à Blois, avait eu la bonne
précaution d'emporter les diamants et quelques objets précieux de la
couronne, et aussi le résidu du trésor, qui se montait à huit millions.
L'un des premiers soins du gouvernement provisoire fut d'envoyer à
la poursuite du convoi un commissaire chargé de revendiquer au nom
de la France ce qui le composait, et on avait donné à ce commissaire
des moyens de vaincre au besoin les résistances. Le choix était tombé
sur M. Dudon, conseiller d'État, homme d'esprit, de courage et de résolution. Il n'eut pas besoin d'user de tous les efforts dont il était capable pour déterminer à la remise des diamants de la couronne et de
l'argent du trésor, M. Mollien et M. de la Bouillerie, qui en étaient les
dépositaires. Ces deux personnages, qui se le disputent en délicatesse
et en douceur, remirent ce qu'on leur demandait, et n'y firent à la
rigueur que les difficultés qui leur étaient imposées par leur position
et par l'espèce de responsabilité qui pesait sur eux. Mais la bande des
zélés avait voulu faire une expédition d'un recours si facile et si naturel, elle s'était portée en toute hâte à Blois, et dans le désespoir de
voir que l'affaire s'était arrangée d'elle-même et sans coup férir, elle
s'était constituée, malgré le commissaire du gouvernement, en escorte
du convoi. Elle l'amena tout droit au pavillon Marsan, et mit argent
et diamants à la disposition de Monsieur. Cette destination n'était
point celle à laquelle le gouvernement s'était attendu. Le ministre des
finances comptait les heures où le convoi devait arriver, tant étaient
urgents les besoins du service. La cour de Blois avait fait maison nette
au trésor et dans tous les ministères, et on était réduit, pour fournir
aux dépenses qui ne s'ajournent pas d'une heure, à recourir au fer-
mier des jeux, qui avait consenti à faire l'avance de quelques milliers de francs. J'avais été témoin d'une pénurie non moins grande
au 18 brumaire, et longtemps auparavant, à l'époque de la retraite
de l'archevêque de Sens.

Lorsque le ministre provisoire des finances sut que le trésor était arrivé aux Tuileries, il donna, pour le rétablir à sa véritable place, un ordre qu'il était loin de croire susceptible de difficulté. Il lui fut répondu qu'on n'enferaitrien; que l'argent avait été de bonne prise, puisqu'il avait été saisi par un parti de royalistes sur la famille Bonaparte en fuite, et qu'on l'avait mis aux pieds de Monsieur, qui en disposerait pour ses pressants besoins. Pour comprendre la fureur de M. Louis, il faudrait savoir à quelles extrémités le gouvernement était réduit pour faire face à la moindre dépense, et ensuite connaître tout ce que le caractère de ce ministre comporte d'impétuosité. Il nous effrayait tous; si on ne l'eût retenu, il allait courir aux Tuileries pour en faire sortir de gré ou de force les huit millions qui y étaient déposés, dire à Monsieur tout son fait, et, s'il ne réussissait pas dans son coup de main, il donnait sa démission et en expliquait publiquement le motif. On eut toute sorte dè peine à lui faire entendre que si fâcheux que fût un pareil quiproquo, il n'avait rien d'étonnant dans un moment de désordre; que c'était une affaire à aller traiter directement et surtout poliment avec Monsieur, qui ne défendrait pas l'œuvre de ses entours. Après avoir donné à M. Louis ce que j'appellerais volontiers des *douches morales*, on le laissa partir pour les Tuileries, non sans quelque inquiétude sur les résultats du voyage. Ils furent heureux, parce que Monsieur n'eut pas sitôt reçu des idées vraies sur cette affaire qu'il ordonna que les fonds fussent reportés au trésor. Seulement, et de l'aveu du ministre, il conserva deux millions pour ses dépenses personnelles, sauf à en faire l'imputation sur les premiers fonds qui seraient mis régulièrement à la disposition du Roi.

C'est à la même époque, et par la même espèce d'associés, que la Reine de Westphalie fut arrêtée sur la grande route et volée de ses diamants et de son argent avec une incroyable brutalité; et cette malheureuse princesse avait pu signaler entre ceux qui la traitaient ainsi des hommes qui naguère composaient sa cour. Comme il était arrivé aux diamants de la couronne et à l'argent du trésor, cette nouvelle capture fut amenée au pavillon Marsan; mais ceux qui l'avaient faite, plus libres dans leurs démarches que ceux qui avaient escorté le trésor, ou avertis par l'expérience de ces derniers, n'avaient déposé aux Tuileries que des caisses ou des nécessaires de voyage, dont ils avaient eu soin d'extraire ce qu'il y avait de plus précieux, et où ils avaient remplacé des pièces d'or par de la monnaie d'argent. Cependant, et grâce à une opération faite en route par un artiste séduit ou complaisant, les serrures semblaient intactes; ils avaient pris au reste la précaution de faire constater la remise des caisses aux Tuileries. Par la combinaison de ces moyens, le vide des caisses restait à la charge de la maison du prince pour le moment où il serait découvert.

Cette découverte ne pouvait pas se faire attendre longtemps ; mais elle donna lieu à des inculpations mensongères soutenues avec audace, à d'odieuses récriminations, et enfin aux manœuvres dont sont capables des misérables qui, en ourdissant un vol, ont préparé à l'avance les moyens de s'en défendre.

Les membres du Gouvernement provisoire ne pouvaient pas voir sans douleur de pareils événements se passer si près du prince, et y figurer des hommes qui avaient l'honneur de l'approcher. Je fus chargé de lui en toucher deux mots. Je le fis avec beaucoup de réserve, mais sans trop de succès : le prince est peu disposé par sa nature à croire le mal, et se laisse aisément séduire par les apparences d'un entier dévouement. Tombé au milieu de la France, qu'il ne connaissait plus, et où il ne pouvait promener ses regards que sur des figures, des costumes, des cordons qui sans cesse lui rappelaient un parti si long-temps ennemi, c'était pour lui une bonne fortune que de réunir parfois dans son intérieur ce qu'il prenait pour les débris du parti roya-liste. Les intrigants qui s'y faufilaient étaient habiles à feindre ; ils expliquaient l'oubli, ou plutôt le mépris que le gouvernement déchu avait fait de leurs services, par leur fidélité à toute épreuve ; ils appe-laient persécution quelques mesures sévères et justes dont ils avaient été atteints ; toujours en jactance de leur loyauté et de leur dévoue-ment à l'autel et au trône, facilement ils avaient séduit le prince, en affectant des vertus dont lui-même était un sincère et parfait modèle. Au reste, j'ai dès lors remarqué, ce qui n'a été que trop bien prouvé depuis, qu'une fois que ce prince avait embrassé quelqu'un dans son affection il était extrêmement difficile de l'en détacher. Pour lui, l'a-mitié était un présent trompeur et dont pourtant les couleurs ne s'ef-façaient plus ; défaut malheureux dans les princes, mais dont la Providence avait préservé, jusqu'à lui, ceux de la maison de Bourbon.

J'avais connu, avant la Restauration, le bailli de Crussol, homme de cœur et de sens, français de la vieille roche, mais qui cédait aux nécessités du moment toutes les fois que l'honneur ne s'y opposait pas, et il s'y connaissait autant qu'homme de France. Je savais qu'il avait été attaché, dès la jeunesse du prince, à M. le comte d'Artois. J'en conclus qu'il devait être encore de son intime confiance, et j'allai lui confier mon chagrin sur l'espèce d'hommes qui encombraient le pavillon Marsan. — « Eh ! mon Dieu, à qui le dites-vous ? me répondit » le bailli, ce n'est pas d'aujourd'hui que nous avons ce faible-là ; je » le combattais il y a quarante-cinq ans ; croyez-moi, faites arriver le » Roi ; faites-le arriver le plus tôt que vous pourrez ; celui-là ne se » laisse pas manger le pain dans la main ; pas un des gens dont vous » me parlez n'osera paraître deux fois devant lui. Le Roi s'emparera » du gouvernement, et, soyez bien tranquille, il n'en laissera à son

» frère que ce qu'il ne pourra pas lui ôter. Pendant ce temps-là,
» Monsieur, qui est le meilleur des hommes, aura le temps de se re-
» connaître; chacun auprès de lui reprendra sa place, et nous nous
» emploierons toujours à tempérer son ancien goût pour le mouve-
» ment et pour les hommes qui secondent ce goût-là. » Je rapportai
cette conversation à M. de Talleyrand, qui me répondit qu'il partageait
tellement la façon de penser de M. de Crussol que déjà il avait fait
partir pour Hartwell le duc de Liancourt. Je demandai à M. de
Talleyrand s'il y avait assez pensé et si M. de Liancourt était bien
propre à une pareille mission. Je rappelai les torts que le parti
royaliste lui reprochait, et ceux que peut-être les princes avaient le
droit de lui reprocher. — « Je sais tout cela mieux que vous, répondit
» M. de Talleyrand, mais il ne faut pas qu'il en reste de traces dans
» l'esprit du Roi, et c'est pour que l'oubli soit patent que j'ai choisi le
» duc de Liancourt : c'est l'homme du pays ; il y fait du bien à tout le
» monde; il est placé pour en faire au Roi, et je vous proteste qu'il
» sera bien reçu. Ce qui est passé est passé; la nature n'a pas donné
» aux hommes d'yeux par derrière, c'est de ce qui est devant qu'il
» faut s'occuper, et il nous restera encore assez à faire.» — «Mais ce-
» pendant, si M. de Liancourt trouvait de la difficulté à approcher du
» Roi? car on s'accorde à dire qu'il est sous le joug d'un M. de Blacas
» qui ne laisse aborder que ceux qui lui conviennent. » — « Qu'est-ce
» que ce Blacas ? Je ne sais pas d'où il vient et me soucie assez peu de
» le savoir. Nous allons entrer dans un régime constitutionnel où le
» crédit se mesurera sur la capacité. C'est par la tribune et par les
» affaires que les hommes prendront désormais leur place; et se char-
» gera qui voudra d'épier le moment du lever et de vider les poches
» du Roi à son coucher. »

M. de Liancourt était en effet parti, et, partageant l'illusion de M. de
Talleyrand, il croyait aller reprendre sans difficulté auprès du Roi
l'exercice de son ancienne charge de maître de la garderobe. Tous
deux avaient notablement compté sans leur hôte. M. de Liancourt ne
vit point le Roi, mais seulement M. de Blacas, qui le congédia avec la
politesse froide qui ne lui manque jamais. Le hasard me fit rencontrer
M. de Liancourt au retour, et, avant qu'il eût pu voir M. de Talleyrand,
je lui demandai comment il avait été reçu. Il me répondit: — « Mal,
» très mal, ou pour mieux dire, pas du tout. Il y a là un certain M. de
» Blacas qui garde les avenues, et vous croyez bien que je ne me suis
» pas abaissé à lutter contre; au reste, je crains fort que Talleyrand
» n'ait donné dans un piége : les princes vont nous revenir les mêmes
» que lorsqu'ils nous ont quittés. » — Le Roi nous fut bientôt annoncé;
les affaires se pressaient les unes sur les autres, de telle sorte qu'à

peine l'insuccès de M. de Liancourt pût effleurer l'attention. Il fallait, toutefois, qu'il eût donné beaucoup à penser à M. de Talleyrand, car il n'en parlait à personne.

CHAPITRE II.

ARRIVÉE DE LOUIS XVIII. — PORTRAIT DE CE PRINCE. — SA MANIÈRE DE TRAVAILLER AVEC SES MINISTRES. — L'AUTEUR EST NOMMÉ DIRECTEUR GÉNÉRAL DE LA POLICE. — POLICE DU PAVILLON MARSAN.

Depuis l'époque dont je parle jusqu'à l'arrivée du Roi, le temps fut rempli par de graves et de pressantes occupations; le retour du Roi, le départ du Souverain Pontife pour ses états, le soin de retenir l'armée sous les drapeaux, et de cantonner les armées étrangères de manière à prévenir toute collision entre les unes et les autres; la réparation prompte de ceux des désastres de la guerre qui compromettaient la salubrité publique ou la facilité des communications; les partis à prendre sur cette foule d'intérêts qui surgissent à l'imprévu du remplacement d'un ordre ancien par un ordre nouveau; enfin, le travail courant de l'administration, qu'il fallait soutenir jour et nuit, à travers tant d'obstacles, au risque de laisser quelque part pénétrer l'anarchie. Il est vrai que le gouvernement provisoire était aidé par l'esprit qui régnait à Paris et dans les départements. Il y a eu, quoi qu'on en ait dit, au retour des Bourbons, un assentiment général fondé sur de puissantes affections et de nobles souvenirs; on s'en convaincra si on lit les adresses et les discours qui leur étaient destinés. Ils ne se composaient pas de ces phrases convenues dont on berce le pouvoir, quel qu'il soit, et qu'on retrouve dans le million d'adresses qui, depuis 1789, encombrent une bonne partie du *Moniteur*. Le langage des premiers jours de la Restauration a quelque chose de sincère et de touchant; il semble d'enfants longtemps égarés dans des temps d'orage et qui se retrouvent en famille. Les réponses des princes conservent la même teinte. Cette époque respire l'ancien caractère français dans ce qu'il y a de meilleur et de plus élevé. L'armée seule gardait sa douleur et ses regrets; il fallait bien les lui pardonner: pour elle, la défaite était un outrage.

Je citerai en exemple la première adresse du sénat qui fut présentée à Monsieur, le 15 avril. J'étais à côté du prince, et, à l'endroit de sa réponse où il dit que le Roi et les princes de sa famille sont prêts à sacrifier leur sang au bonheur des Français, qu'il ne doit plus y avoir entre eux qu'un même sentiment, et qu'il faut oublier le passé pour ne plus composer qu'un peuple de frères, le comte de Ségur, l'un des

sénateurs, s'écria en fondant en larmes : — «Ah! c'est vraiment le fils
» d'Henri IV ! » Sur quoi le prince reprit avec bonheur : — « Oui, le
» sang de Henri IV coule dans mes veines. Je regrette de n'en avoir
» pas les talents; mais je suis bien sûr d'avoir son cœur et son amour
» pour les Français. » Cette scène était des deux parts toute de vérité,
car on ne peut pas supposer qu'elle ait été concertée entre l'ancien
comte d'Artois et le nouveau maître des cérémonies sous l'Empereur.

Je veux encore parler d'une autre présentation qui fut assez pi-
quante pour moi : de la présentation de l'Institut à l'Empereur de
Russie; M. Suard m'avait demandé de préparer cet honneur pour
l'Institut, et d'expliquer à l'Empereur que l'ancienne Académie française composait la deuxième classe de ce corps savant. Je fus invité à
dîner avec l'Empereur, le jour que Sa Majesté avait indiqué. Ce souverain de tant d'hommes et de pays, qui était à Paris, à la tête de cent
mille soldats, n'était pas médiocrement embarrassé du rôle qu'il lui
fallait jouer devant l'Institut, qui lui-même avait à sa tête M. Lacretelle le jeune; il y croyait sérieusement sa gloire intéressée. Dès longtemps l'éclat de l'ancienne littérature française avait pénétré à Saint-
Pétersbourg; les noms des Voltaire, des d'Alembert, des Diderot, des
Helvétius, restaient en honneur sur les bords de la Newa, autant et
davantage peut-être que sur ceux de la Seine. Catherine avait imposé
à sa cour le joug de ses admirations comme un autre, et les leçons
de Laharpe, le général, y avaient particulièrement conformé l'Empereur Alexandre. Il croyait que la source des grandes renommées était
encore à Paris, pour les souverains comme pour les sujets, et il ne paraissait pas sans quelque émotion devant ceux qu'il en regardait
comme les dispensateurs. La scène se passa fort bien. M. Lacretelle
fit un discours comme il en fait; le prince y répondit suffisamment;
il affecta ensuite de parler à chacun des membres de l'Académie de la
partie de la littérature dont il s'occupait en particulier. Ici la confusion commença à se répandre. L'Empereur m'avait invité à lui donner
quelques mots à dire à chaque académicien, à mesure qu'il passerait
devant lui; malheureusement j'ai la voix très voilée, et l'Empereur
avait l'oreille fort dure. Nous ne pouvions ni l'un ni l'autre jouer juste
notre rôle, et il en est résulté de l'embarras et quelque confusion dans
les compliments: mais tout a été recouvert par l'immense honneur
pour l'Institut d'avoir harangué l'autocrate de toutes les Russies. Le
soir, M. Suard, qui approchait de ses quatre-vingts ans, en tressaillait
comme s'il n'en eût eu que vingt.

Nous attendions le Roi avec impatience; non pas que le lieutenant-
général du royaume entravât la marche du gouvernement; je ne pouvais, en particulier, que m'applaudir de sa confiance dans le travail
que j'avais avec lui comme chargé du ministère de l'intérieur; mais,

en dépit de nos efforts, le parti qui s'était formé autour de lui prenait consistance et grossissait. Il essayait de pénétrer dans les affaires, et avait déjà dicté au prince quelques choix qui n'étaient pas heureux. On ne pouvait pas d'ailleurs échapper trop tôt au trouble inséparable du passage d'un gouvernement à un autre. Monsieur ne calculait pas que l'arrivée du Roi fut si prochaine; une noble susceptibilité lui faisait penser que le Roi attendrait, pour reparaître dans sa capitale, que les armées étrangères en fussent retirées; et il eût été désirable, à bien des égards, que Louis XVIII eût partagé cette manière de voir. Ensuite, Monsieur tenait l'état de santé du Roi pour obstacle à un règne actif de sa part. Je me rappelle qu'il me dit un jour : — « Le Roi a » une tête admirable, aussi fraîche qu'à trente ans; mais il est impo- » tent ou à peu près; il faut s'y attendre. Eh bien! il pensera pour » nous, et nous agirons pour lui. » Ce n'était pas là du tout le compte de Louis XVIII.

Le gouvernement provisoire avait soumis la constitution délibérée par le sénat à Sa Majesté, qui ne voyait pas plus d'embarras à l'accepter qù'à en accepter ou même à en faire une autre; les lettres qui annonçaient sa détermination étaient signées, et on allait les fermer, quand survint inopinément M. de Blacas, qui annonça que Monsieur était arrivé à Paris, où il avait été reçu avec ravissement; qu'il y exerçait la royauté sous le titre de lieutenant-général du royaume, sans qu'il eût été le moins du monde question de constitution ou de rien qui y ressemblât; et qu'on ne s'était pas même cru autorisé à demander un serment au prince. Cette nouvelle ne laissa pas que d'attiédir les dispositions constitutionnelles de Louis XVIII. On s'applaudit fort du retard du paquet qui devait apporter en France son acceptation; mais, d'un autre côté, le Roi ne se souciait pas de laisser son frère prendre goût à l'exercice de l'autorité suprême, et son prompt départ pour la France fut à l'instant résolu.

Ces circonstances n'étaient pas ignorées du gouvernement provisoire. La cour de Monsieur bruissait chaque jour davantage; de l'autre côté, on avait sur le cœur l'insuccès du voyage du duc de Liancourt; enfin, on ne savait plus que penser, lorsqu'on entendit Louis XVIII répondre au prince régent d'Angleterre que c'était à ses conseils, à son glorieux pays et à la confiance de ses habitants, qu'il attribuerait toujours, après la divine Providence, le rétablissement de sa maison sur le trône de ses ancêtres. Il était trop évident que, dans l'esprit de Louis XVIII, la Providence et l'Angleterre étaient pour tout dans la Restauration, et que conséquemment la France, le sénat et le gouvernement provisoire n'y étaient pour rien. L'avertissement était sévère, et jetait des nuages sur l'avenir qui nous attendait. J'avais été d'avis de faire subir à la réponse du Roi quelques légères corrections;

et à peu de frais on en eût banni le scandale. On craignait que le Roi ne prît feu sur cette hardiesse, et on n'osa pas. Les regards se tournèrent tous sur M. de Talleyrand : on espérait de son habileté, si longtemps éprouvée et en tant de façons différentes, qu'il saurait bien s'emparer de l'esprit de Louis XVIII et le plier à ce que ces temps nouveaux exigeraient de lui ; on le pressait de saisir le Roi à son arrivée en France et d'aller à sa rencontre jusqu'à Calais. Il sentit que le voyage serait peu convenant de la part du chef du gouvernement provisoire, et indiquerait un degré de soin très voisin du souci. Il attendit pour se présenter que le Roi fut arrivé à Compiègne. Il était bien permis à ceux qui ne connaissaient pas Louis XVIII de croire que cette première conférence aurait quelque chose de péremptoire. On en attendait l'issue avec anxiété. Je fus le premier qui vis M. de Talleyrand au retour ; je lui demandai comment les choses s'étaient passées ; il me répondit :

— « Bien ; et nous nous sommes quittés contents l'un de l'autre. »

Je pressai pour avoir des détails ; voici ceux que j'obtins ; ils sont légers en apparence, mais ils indiquent dans quel esprit Louis XVIII avait quitté l'Angleterre, et que dès lors son parti était pris sur M. de Talleyrand. Voici le début de la conversation, telle que ce dernier me l'a rapportée :

« Le Roi : — « Monsieur le prince de Benevent, je suis charmé de » vous revoir. Il s'est passé bien des choses depuis que nous nous » sommes quittés. Vous le voyez : nous avons été les plus habiles. Si » c'eût été vous, vous me diriez : « *Asseyons-nous* et causons ; et moi » je vous dis : « *Asseyez-vous* et causons. »

M. de Talleyrand s'écriait ou paraissait s'écrier sur l'exquise politesse de ce début, et l'espèce d'égalité qu'elle respire entre le Roi et lui. Je prenais la liberté de n'être pas du tout de son avis : mettant de côté ces petites adresses de style, cette espèce de *concetti* où se complaisait Louis XVIII, je trouvais que le Roi établissait que lui et ceux qui revenaient du dehors avaient été plus habiles que M. de Talleyrand et ceux qui étaient restés au dedans ; d'où la conclusion naturelle que ceux-ci avaient été des imbéciles, à qui rien de mieux n'était à faire que de se ranger sous la verge des autres. Aussi longtemps que Louis XVIII est au-delà du détroit, c'est à la Providence et à l'Angleterre qu'il attribue la Restauration ; sur le continent, il devient moins modeste, et la rapporte à sa propre habileté ; et il faut remarquer que sur-le-champ il applique à M. de Talleyrand la conséquence du système d'habileté : si M. de Talleyrand eût été le plus habile, il aurait dit au Roi : « *Asseyons-nous* et causons, » car alors le succès d'un côté, et la majesté de l'autre auraient, en se balançant, établi l'égalité ; mais comme Louis XVIII est à la fois le Roi et le plus habile, il commande,

ou si l'on veut, il permet à M. de Talleyrand de s'asseoir : « *Asseyez-*
» *vous.* »

Il paraît qu'ensuite on s'occupa quelque peu des titres et des honneurs. Le Roi offrit à M. de Talleyrand de reconnaître dans sa personne le titre de prince de Benevent, et de lui accorder, en France, le
rang de prince étranger; à quoi M. de Talleyrand répondit qu'il avait
l'honneur d'être Français et ne renoncerait à ce titre pour aucun
autre. Il paraît que ce tête-à-tête fut en grande partie rempli par des
agaceries d'esprit, parfois malignes d'un côté, toujours respectueuses
de l'autre; et soit que le jeu eût singulièrement plu à M. de Talleyrand, qui y est passé-maître, soit qu'il ait cru que le prélude était
heureux à choses plus sérieuses, il paraissait à la fois satisfait et flatté
de cette première entrevue. J'arrivais au fait et j'insistais pour savoir
si le Roi s'était expliqué sur le gouvernement provisoire; s'il accepte-
rait la constitution du sénat; enfin, s'il passait dans nos rangs ou plutôt s'il se mettait à notre tête. M. de Talleyrand répondit que le Roi
avait été bien, très bien pour le gouvernement provisoire; qu'il lui
avait exprimé à lui-même toute sa reconnaissance, et qu'il ne doutait
pas qu'il n'acceptât la constitution du sénat; ce qui voulait dire que le
Roi avait, sinon refusé, au moins éludé de répondre. — « Au reste,
» ajouta M. de Talleyrand, le Roi vous recevra demain; et vous verrez
» ce qu'il vous dira. »

Les ministres provisoires furent en effet appelés à Saint-Ouen, le 2
mai, pour être présentés au Roi. L'audience eut lieu, à sept heures et
demie du soir, dans une salle du château peu éclairée. Il semblait
qu'on voulût nous apprivoiser doucement avec le tableau d'un Roi gi-
sant dans son fauteuil, nous qui sortions d'auprès de celui qui enjam-
bait l'Europe à pas de géant. Mais déjà, de ce fauteuil même, le Roi se
fit sentir à chacun de nous : une dignité calme, un coup d'œil caress-
sant, un organe flatteur, des questions faites de haut, mais toutes à
propos, nous révélèrent une sorte de puissance dont nous n'avions pas
encore senti la portée. Lorsqu'on prononça mon nom au Roi, il me
dit :— « Monsieur B***, je ne vous connais pas personnellement, mais
» je connais de votre prose, et je suis bien aise de vous dire que j'en
» ai été fort content. »

J'aurais pu répondre que je ne craignais pas que personne s'avisât
d'appeler du jugement de Sa Majesté; j'eus tout au plus assez de présence d'esprit pour balbutier quelques mots vulgaires de reconnaissance. — « Vous êtes, reprit le Roi, fort occupé; car le ministère de
» l'intérieur doit être accablant dans un pays désolé; mais du courage
» et de la patience : le pas le plus difficile est fait. »

Le Roi descendit de ces généralités avec MM. Henrion de Pansay,
Malouet et même Louis, qu'il avait plus ou moins connus, et leur

adressa des mots gracieux et personnellement flatteurs ; puis, s'adres-
sant à tous, il nous congédia en nous disant : — « Messieurs, la be-
» sogne est lourde, je le sais bien ; j'en prendrai toute la part que
» peuvent porter mon âge et mes infirmités. Je vous promets au reste
» que la bonne volonté ne me manquera pas, et le Ciel nous sera en
» aide. »

Je revins promptement à l'intérieur pour préparer l'entrée du Roi,
qui devait avoir lieu le lendemain. J'avais conçu et exécuté tant bien
que mal le projet de rétablir, au moins en plâtre, la statue de Henri IV
sur le terre-plain du Pont-Neuf. Il ne restait rien à Paris sur quoi on
pût mouler un cheval, et je fus obligé de faire courir après les chevaux de ce mauvais quadrige de Berlin, que nous en avions enlevé
en 1806, et qui y retourna en 1815, toujours par le respectable droit
du plus fort. Enfin le cheval et la statue reparurent par une sorte
d'enchantement. Il s'agissait d'y mettre une inscription ; il la fallait
courte et pourtant qu'elle signalât l'accord du retour du petit-fils et
de la réapparition de la statue de l'aïeul. Je la voulais en français pour
que tout le monde la comprît. Je me cassai la tête toute la matinée ;
j'essayais vingt versions sur le papier ; je ne lisais pas sitôt ce que j'a-
vais écrit, que je le rayais comme trop long, comme trop court, comme
inintelligible, comme niais. Enfin, à force d'essayer des versions en
français, j'accouchai du mot latin *resurrexit*. Il était bon, mais il était
usé : je me rappelai qu'on l'avait affiché au piédestal de la statue de
Henri IV, à l'avènement au trône d'un prince qui valait cent fois mieux
que lui, de Louis XVI, et il y resta jusqu'à ce qu'un plaisant s'avisa de
mettre au bas :

> « D'Henri ressuscité j'approuve le bon mot ;
> » Mais pour, me le prouver, il faut la poule au pot. »

Je ne pouvais plus songer à mon *resurrexit*, et puis, le même plaisant, s'il n'était pas mort, serait venu nous redemander sa poule au
pot, et les Cosaques y avaient mis bon ordre. J'avisai, dans ma per-
plexité, de consulter la classe des Inscriptions et Belles-Lettres de
l'Institut, qui voulut bien m'adresser quatre versions qui avaient leur
mérite, mais dont aucune ne me satisfaisait complètement. Enfin je
jetai un dernier coup d'œil sur la feuille couverte de mes essais et de
mes ratures, et j'y démêlai cette version : *Le retour de l'un fait revivre
l'autre.* C'était une paraphrase assez courte du *resurrexit ;* mais elle
manquait de noblesse dans les termes, et la construction en était par
trop vulgaire ; cependant, comme le fond de l'idée s'y trouvait, j'essayai
de la traduire en latin par ces mots : *Ludovico reduce, Henricus redi-
vivus.* A l'instant même je fus frappé du bonheur de ma traduction,
et je m'adjugeai sans façon le prix. A quelques jours de là, je fus fort

étonné de lire que l'inscription était due à M. de Lally Tollendal. J'avais
tant sué pour la produire, que j'avais à cœur qu'on ne vint pas me
l'arracher; et puis l'amour-propre d'auteur est si avare de sacrifices!
Vîte, je recherchai l'occasion de rencontrer M. de Lally, et je lui demandai raison de cette espèce de vol; il ne l'avouait pas; il éludait de
s'expliquer, et par un genre d'expédiens dont le secret n'était qu'à
lui : à l'entendre, j'avais eu la plus heureuse, la plus belle, la plus
admirable pensée; celle de faire reparaître soudain la statue du bon
Roi; et pour m'en témoigner sa reconnaissance personnelle, il se jette
dans mes bras et m'embrasse deux fois de suite. Je m'arrache, comme
je le peux, aux transports de M. de Lally, et je reviens à l'inscription;
lui, revient de son côté, au prodigieux effet que produira en France,
à l'étranger, dans le monde entier, ma merveilleuse, mon incompa-
rable idée; enfin, après une lutte assez plaisante, de retour à la même
question de ma part, de transports d'admiration, et même de larmes
de la sienne, nous nous quittons, laissant entier le sujet sur lequel je
l'avais attaqué. Je me réduisis à répandre aussi loin qu'il me fut possible, et jusques dans le cabinet du Roi, que M. de Lally me faisait
trop d'honneur de s'approprier, lui si riche d'ailleurs, une ligne de latin qui était bien à moi, à moi seul, et dont tout le mérite consistait
dans un rapprochement qui n'avait échappé à personne. Louis XVIII,
qui mettait de l'importance aux petites choses littéraires, parce qu'il
les estimait valeur d'avant 1789, en parla à M. de Lally, qui prouva
diversement à Sa Majesté que dans un royaume comme le sien, et si
abondant en beaux esprits, il n'était pas étonnant qu'il leur arrivât
quelquefois de se rencontrer.

La première fois que j'ai travaillé avec Louis XVIII, c'était pour lui
rendre compte des préparatifs pour la fête de son entrée. Il m'accueillit avec douceur, mais avec dignité. Je vis bien que les détails fami-
liers, les épanchements, volontiers je dirais, le laisser aller que permettait Monsieur, n'étaient plus de saison. J'avais essayé d'entourer le
Roi d'autant de pompe que le moment en pouvait produire; je devinai
par les explications qu'il me demandait, et par quelques critiques,
qu'il n'était cependant pas satisfait sur ce point; et dès lors je pus juger que ceux qui lui reprochaient de porter à l'excès le goût de la
magnificence, ne nous avaient pas trompés. Au temps où Louis XVIII
n'était encore que Monsieur, on lui reprochait aussi à Versailles une
hauteur tellement inutile au frère du Roi, que chez lui elle ressem-
blait à un ridicule. Louis XVIII n'en avait rien perdu.

On pût déjà déployer pour l'entrée du Roi une sorte de magnificence qu'on n'avait pas eu les moyens de mettre à celle de Monsieur.
C'était bien la même affluence et les mêmes acclamations. 'De plus,
les fenêtres étaient ornées sans exception de drapeaux blancs, et ce

qui était d'un plus grand prix, garnies de femmes charmantes ou que le moment embellissait toutes; et ce n'était pourtant plus l'entrée de Monsieur : le cœur n'y parlait pas si haut; ce n'était plus cet abandon du prince, des citoyens, des soldats, se pressant, se heurtant sans trop s'entendre, comme dans une fête de famille. Déjà on avait pu savoir le triste abandon qu'il nous avait fallu faire de toutes nos conquêtes. Les compagnons de Napoléon le déploraient hautement et déversaient la moquerie sur un Roi plongé dans son fauteuil. L'extérieur du Roi avait en effet quelque chose de trop étrange pour une nation de soldats qui depuis quinze ans avait à sa tête un chef d'une dévorante activité. On ne saurait croire combien cette comparaison toute matérielle nuisait à Louis XVIII. Il me fit un jour la grâce de m'en parler. Le Roi avait, je ne sais trop où, répondu à une harangue des maréchaux, que tout goutteux qu'il était, si la gloire de la France l'exigeait, on le verrait marcher à leur tête. Ces messieurs, dont la plupart eux-mêmes étaient déjà goutteux, charmés d'être devenus à la mode, avaient pris le Roi au mot, et on pressait de leur part Sa Majesté de se montrer à cheval, ne fût-ce que pour quelques moments, et dans le local le plus soigneusement disposé. Le Roi n'était pas homme à refuser net : il conseillait seulement de le flanquer, à droite et à gauche, de cavaliers robustes et habiles à prévenir ou à supporter sa chute; il ajoutait : « Je tremble pour celui à qui écherra l'hon-» neur de me soutenir; » et il insinuait malicieusement que c'était à des maréchaux que cet honneur serait réservé. Le Roi me disait que depuis cette petite explication on s'était refroidi sur l'idée de le monter sur un cheval, et qu'il croyait en être quitte. Ainsi Louis XVIII commençait à déployer son habileté à trouver des expédiens, souvent malins, toujours spirituels, pour renvoyer aux autres la difficulté qui était prête à l'atteindre, et il jouissait ensuite avec délices de l'embarras où il les avait mis. Il faisait, de son fauteuil, une petite guerre d'espiègleries où il n'avait pas son pareil. M. de Talleyrand, qui luimême y avait été blessé et plus d'une fois, s'en vengeait en l'appelant le *Roi des niches,* ou le *Roi nichard.*

L'intervalle de l'entrée du Roi à Paris, le 3 mai, jusqu'au 13 du même mois qu'il composa son ministère, fut rempli par des hommages et des vœux qui arrivaient de tous les coins de la France. Depuis le premier corps d'Etat jusqu'au juge de paix d'un village, c'était à qui épuiserait ce que la langue comporte de formes laudatives. La matière y prêtait, car il y avait peu de villes qui n'eussent à citer quelque trait de son histoire honorable à nos anciens Rois, et cette fois-ci du moins, l'adulation était française; et puis, à cette époque, les fonctionnaires publics savaient encore écrire et parler. Le Roi faisait assaut d'esprit avec les harangueurs et les renvoyait étonnés de la fidélité de sa mémoire et du bonheur de ses à-propos.

Louis XVIII gardait toute la dignité du trône parmi cette cohue de souverains qui se trouvaient alors à Paris, et tous escortés de soldats par milliers ; et quoique lui-même fût désarmé et à peu près impotent, il était si rempli de la supériorité du Roi de France sur les autres Rois, qu'il était parvenu à les en persuader eux-mêmes. L'Empereur de Russie en fournit la preuve. M. de Talleyrand avait échoué dans le dessein de faire comprendre sur la liste des pairs le duc de Vicence son ami, et à qui l'Empereur Alexandre portait une estime particulière ; il supplia ce dernier d'en porter directement la demande à Louis XVIII. Sa Majesté Impériale s'y prêta volontiers et partit sans retard pour les Tuileries. Le Roi l'accueillit avec toute la grâce qu'il pût y mettre, mais sans rien rabattre de sa dignité. Alexandre en fut frappé à ce point de ne pas oser lui demander une chose qu'il savait avoir été refusée ; il revint à son palais sans être plus avancé, et en fit le lendemain l'aveu naïf à M. de Talleyrand. Celui-ci ne perdit pas courage ; il fit à l'Empereur le reproche d'être le seul à ignorer tout ce qu'il pouvait, et parvint à lui persuader de retourner aux Tuileries. Cette fois-ci, Louis XVIII avait été prévenu, on ne sait trop par où ; il était sur ses gardes et alors la partie n'était plus égale. Le Roi débuta avec l'Empereur par des propos flatteurs qui commencèrent par l'attendrir ; il se jeta ensuite dans des généralités sur la triste position d'un souverain qui, après une révolution, n'était libre, ni lorsqu'il accordait, ni lorsqu'il refusait des grâces. Cela fut dit en si bons termes et avec un tel accent de vérité, et même de sensibilité, que l'Empereur y fut pris comme la première fois, et sortit encore des Tuileries sans avoir ouvert la bouche de l'objet de sa visite. Il fut plus facile à ce prince généreux d'offrir au duc un grand établissement en Russie, et de le presser de l'accepter, que de prononcer son nom à Louis XVIII. C'était en de telles occasions que le Roi avait une incontestable supériorité. Il est vrai que j'ai pu reconnaître depuis qu'il était bien persuadé qu'entre tous les souverains alors réunis à Paris, il n'y avait guères que lui qui fût bon gentilhomme.

Je me présentai le 6 mai pour travailler avec le Roi ; je lui apportais quelques affaires sur lesquelles Monsieur avait eu la discrétion de ne vouloir pas statuer, dès qu'il avait été informé de la prochaine arrivée du Roi. Deux de ces affaires avaient une véritable importance. J'avais eu, récemment encore, l'occasion de travailler avec Napoléon à Mayence, et j'avais pris les mêmes allures avec le Roi, c'est-à-dire que j'avais joint à chaque rapport les pièces justificatives, soigneusement arrangées pour que je pusse les retrouver au besoin, et, avant de commencer le travail, j'en avais remis au Roi la feuille, c'est-à-dire un tableau qui comprenait sommairement l'indication du nom des parties, la nature de l'affaire, son degré d'urgence, et une colonne d'observations. Je demandai au Roi de jeter un coup d'œil sur la feuille et de daigner m'indiquer par laquelle de ces affaires je devais commencer. Le Roi, qui n'avait jamais rien vu ni soupçonné de pareil, me demanda ce que je voulais dire. J'eus la maladresse de lui répondre qu'on en usait de la sorte avec Napoléon, qui n'avait pas toujours à donner à ses ministres le temps nécessaire à l'expédition des affaires qu'ils lui apportaient, et qui choisissait celles qui lui paraissaient avoir le plus d'urgence. — « Fort bien! monsieur, me dit le » Roi, mais comme j'aurai toujours à vous donner tout le temps que » vous me demanderez, vous pouvez abandonner les formes de votre » travail avec Bonaparte : je n'y tiens pas du tout. Commencez par le » commencement. » Ainsi fut fait : je pris la première affaire dans l'ordre de mon portefeuille; je la rapportai avec beaucoup d'attention et j'entremêlai même mon rapport de la lecture de quelques pièces justificatives. Je ne sais pas combien de temps le Roi me suivit, mais vers la fin il donna des preuves d'impatience et d'ennui, et je crois que déjà au fond de l'âme il se repentait bien de m'avoir promis qu'il me donnerait autant de temps que je lui en demanderais. Mon avis passa sans difficulté, et le Roi signa l'ordonnance. Je recommençai sur le même ton et avec le même scrupule le rapport de la seconde affaire. Ici la difficulté était plus grande : il fallait choisir entre deux partis également soutenables. Je m'étais contenté d'établir avec le même soin les raisons de part et d'autre, et je demandais au Roi de décider. Cette manière eut convenu à Napoléon; elle fatiguait Louis XVIII. Cependant après avoir fait quelque temps le geste qui trahissait chez lui l'ennui de l'indécision, il prononça avec justesse et même en ajoutant quelques motifs à ceux que je lui avais présentés. Je retins ainsi le Roi pendant une heure et demie ; mais il ne put vers la fin du travail contenir l'expression de son plaisir d'être débarrassé de mon portefeuille et de moi : — « Monsieur, me dit le Roi, vous ne » m'avez pas ménagé : en voilà fort honnêtement pour un début; mais » je vous répète que je serai toujours prêt à vous recevoir. » Le lendemain, M. de Blacas me demanda si je n'avais pas été conseiller au Parlement. Je lui répondis que je n'avais pas eu cet honneur et que j'avais été pendant fort peu de temps président de ce qu'on appelait alors un tribunal inférieur. — « C'est cela, dit M. de Blacas, le Roi l'a de- » viné : » — « Je veux savoir commen le Roi a deviné une circonstance » aussi peu remarquable? » — « A la manière dont vous avez apporté » hier vos affaires. » — « Est-ce que le Roi n'a pas été content? » — « Je ne dis pas cela; mais il a trouvé que vous étiez un peu long, et » que vous vous appesantissiez sur les détails. » Je promis de m'en corriger.

Quelques jours après, je retourne auprès du Roi; cette fois mon bagage était plus léger et je partais dans des dispositions expéditives. Je pressais en effet mes explications; mais elles étaient toujours des explications et emportaient quelque temps. Je n'occupai le Roi que trois quarts d'heure et je lui proposai une vingtaine de signatures. Je croyais bien avoir ce jour-là remporté un prix de diligence; je me trompais : j'appris, et toujours par la même voie, que le Roi me reprochait encore de me perdre dans les détails. M. de Blacas me cita à ce sujet M. Daguesseau comme l'homme qui, au jugement du Roi, présentait les affaires avec le plus de mesure et de grâce. Je demandai de quelles affaires M. Daguesseau avait par hasard à entretenir Sa Majesté? On me répondit : De celles de l'ordre du Saint-Esprit. A cette époque les affaires de l'ordre devaient être fort peu compliquées, et il n'était pas malaisé d'y réussir à M. Daguesseau qui avait en effet de belles et douces manières; mais à qui il ne fallait rien demander de plus; car le petit-fils de l'illustre chancelier n'avait de son aïeul que le nom. J'eus occasion de conter mon insuccès auprès du Roi à mon collègue l'abbé Louis qui en rit de grand cœur : — « Comment, » me disait-il, ne vous êtes-vous pas aperçu dès le premier jour, dès » la première affaire, que vous ennuyiez le Roi à mourir; et puis de » quoi sert-il de lui faire des rapports? Autant vaudrait en aller faire » à un saint dans sa niche! Moi, je lui présente tout uniment des » ordonnances à signer, et il n'en refuse pas une. Seulement, et » comme il est long à écrire son nom, pendant qu'il y travaille, je dis » deux mots de l'affaire. Je ne l'ennuie pas; c'est lui qui m'ennuie, » parce qu'il ne finit pas quand il signe. »—Je me tins pour suffisamment instruit sans avoir besoin d'aller consulter M. Daguesseau, et la première fois que je retourne au travail chez le Roi, j'emploie le même procédé que l'abbé Louis; je ne rencontrai pas plus de difficultés que lui; seulement, et comme chacun marche avec son caractère, j'avais remplacé l'impétuosité que l'abbé porte partout, par le respect attentif qu'impose le lieu où je me trouvais.

Je ne travaillai que six fois avec le Roi pendant que je fus chargé du portefeuille du ministère de l'intérieur; et je crois que j'avais peu avancé dans son estime, ou si l'on veut dans sa faveur. Je n'avais nullement l'art de l'amuser en travaillant, parce que je ne sortais pas de mon sujet, et que je ne savais pas saisir dans le sujet même quelques incidents heureux qui reposassent l'attention du Roi et le missent à portée de développer tout ce qu'il avait d'esprit. Il ne voyait en moi qu'un ouvrier robuste qui avait fait son apprentissage sous un méchant maître.

On parlait, bien entendu, de l'organisation d'un ministère définitif, et mes amis me reprochaient de n'y avoir pas l'œil. J'étais trop occupé pour perdre à mon profit une heure de mon temps. Ensuite je suis de ma nature extrêmement peu propre à ce qu'on appelle l'intrigue et volontiers j'embrasse ce qui peut m'en dispenser. Je m'amusai donc à croire que le ministre de l'intérieur serait pris entre les membres du gouvernement ou les ministres provisoires, et en y regardant avec le télescope de l'amour-propre je crus de bien bonne foi que ce ministère était trop près de moi pour qu'on l'y vînt prendre. Cependant à la veille de l'organisation du cabinet, il me revint un mot de la marquise de Simiane, bien propre à ébranler ma sécurité. Madame de Simiane fut l'une des plus agréables beautés de son temps; son organe était ravissant, et chez elle une bienveillance naturelle s'échappait à chaque instant et toujours assaisonnée de grâce. On souhaitait si fort qu'elle eût encore de l'esprit, qu'il fallait bien lui en trouver un peu; mais elle était Damas en son nom, et tous les Damas que j'ai connus, l'abbé compris, avaient le cœur excellent et l'esprit fort étroit. Madame de Simiane était l'une de ces intimités entre lesquelles l'abbé de Montesquiou partage sa vie depuis cinquante ans : il loge chez elle à Paris, et c'est là que toutes les douairières du bon vieux temps viennent adorer l'oracle. On y parlait de la prochaine organisation du cabinet, et quelqu'un voulut bien prononcer mon nom pour le ministère de l'intérieur ; la marquise s'en scandalisa, et sur ce que la même personne insistait, en vantant ma capacité, madame de Simiane reprit : — « Il ne s'agit pas de cela; c'était bon du temps de Bonaparte : » aujourd'hui il faut mettre dans les ministères des gens de qualité et » qui ont à leurs ordres de bons travailleurs qui font les affaires, ce » qu'on appelle des *bouleux*. » On me fit craindre que l'abbé de Montesquiou ne s'emparât du ministère de l'intérieur et ne voulut me garder parmi les *bouleux*. Le lendemain, j'appris que ma crainte s'était réalisée en partie, et seulement que j'étais nommé *directeur général de la police du royaume*. Le ménage de madame de Simiane et de l'abbé était si pressé de prendre possession de l'hôtel de l'intérieur, que le soir même de sa nomination il vint très poliment me prier de l'évacuer, sans au reste me dire un mot d'affaires et me demander le moindre renseignement. C'est par là que se manifesta le ministre de qualité, et je vis qu'en effet le règne des *bouleux* pouvait bien être revenu.

Je n'avais aucun goût pour la direction générale de la police, et j'avais assez de bon sens pour sentir que ce qu'on appelait la police sous le règne de Napoléon, c'est-à-dire d'un maître, n'était pas praticable sous celui d'un Bourbon [qui avait déjà renoncé à l'être par sa déclaration de Saint-Ouen. Je courus chez le chancelier pour le supplier de me débarrasser de cette place, et de me faire obtenir en échange la direction des ponts et chaussées; je lui remontrai, ce qui était évident, que M. Pasquier était bien plus propre que moi à diriger la police du royaume puisqu'il avait dirigé avec succès celle de Paris; que son esprit flexible et toujours prêt, son expérience, sa réputation, étaient des trésors qu'il ne fallait pas perdre. Le chancelier me dit qu'il allait en parler au Roi, et me proposa de l'accompagner ; je préférai l'attendre. De retour du château, M. Dambray m'annonça que le jour même des nominations, l'abbé de Montesquiou avait parlé de M. Pasquier pour les ponts et chaussées, et qu'il avait été accepté ; il m'ajouta que Monsieur ne voulait pas entendre parler de M. Pasquier pour la police, et me pressa de la conserver. Je n'eus pas le courage de le lui promettre, et je lui demandai de me garder mon ancien emploi de conseiller d'Etat. De retour chez moi, je trouvai mes entours désolés de ma déconfiture ; chacun avait commodément arrangé sa petite place à l'intérieur, et tremblait de la perdre sans compensation. Les femmes des ministres sont d'un peu plus de moitié dans la joie de leur arrivée, et prennent une part plus grande encore dans le chagrin de leur chute ; la mienne me conjura d'accepter la police, au moins provisoirement. Comme elle était douée de beaucoup de sens et me connaissait bien, elle avouait que j'étais peu propre à ce métier, mais je ne le ferais pas longtemps. Comme elle n'avait pas la moindre idée des temps antérieurs à la révolution, un abbé de cour, ministre de l'intérieur, lui semblait une folie, et elle croyait qu'il ne se passerait pas trois mois sans qu'on revînt à moi ; je cédai et je quittai l'hôtel de la rue de Grenelle pour celui du quai des Théatins. Me voilà donc condamné à une besogne pour laquelle j'avais toujours eu plus que de la répugnance ; j'y serai fort maladroit, fort malheureux, et je cours risque d'y perdre le peu que j'ai de réputation : voilà dans quelles dispositions j'abordais cette nouvelle carrière. J'avais toujours sur le cœur les *bouleux* de madame de Simiane, et avant que d'entrer en fonctions, j'obtins une ordonnance du Roi qui plaça sous mes ordres les préfets ou sous-préfets du royaume comme directeurs de la police, et me donna, auprès de la personne du Roi et dans ses palais, les mêmes honneurs qu'aux ministres. On n'avait pas voulu m'attribuer le titre de ministre de la police générale, parce qu'il sonnait mal aux oreilles, et on avait caché la chose sous le mot de directeur général. Mais j'avais aisément fait sentir que si on attendait quelque chose de moi, il fallait avant tout me donner des instruments et ensuite entourer ma place de ce qui pouvait me relever dans l'opinion.

Mais en même temps que la police du royaume s'installait quai des Théatins, il s'en installait une autre au pavillon Marsan qui avait, comme la première, ses bureaux, ses inspecteurs et ses agents, et à la tête de laquelle Monsieur avait mis un gentilhomme de Franche-Comté, nommé Terrier de Monciel. J'avais vu, en 1792, ce M. de Monciel ministre de l'intérieur sous Louis XVI ; il était alors de la fraction des constitutionnels qui suivaient le drapeau Lameth, et ce parti l'avait poussé au conseil ; il s'y était conduit en homme d'esprit et de courage, et j'en avais conservé bonne idée. J'allai le trouver, et je le priai de me répondre franchement s'il croyait qu'il pût y avoir deux polices pour la France, qui se contrarieraient du soir au matin, et chercheraient à s'entre-détruire. Je lui fis voir dans cette concurrence de police le plus dangereux sujet de division entre le Roi et son frère, et je lui dis qu'il me semblait préférable de réunir les deux départements, et que lui ou moi fussions chargés du tout. M. de Monciel était alors le chef du conseil intime de Monsieur, le ministre du cabinet *vert ;* il tenait à sa place, et me répondit que sa police, loin de nuire à la mienne, lui serait fort utile. Il avait pour agens des hommes bien nés, des amateurs qui communiquaient avec lui, et ne consentiraient à pas communiquer avec moi sans une répugnance qu'aisément on devine ; il recueillait des confidences qu'on ne me ferait pas ; enfin, sa police était un foyer de royalisme qui éclairait aux Tuileries, mais qui serait étouffé au quai des Théatins. Au reste, il n'y avait rien dans sa mission qui ressemblât à une autorité ; c'était pour la police publique qu'il travaillait, et il serait fidèle à me renvoyer tous les renseignements qui pouvaient m'être utiles. Comme je ne gagnai rien auprès de Monciel, j'allai directement à Monsieur. Le prince se montrait le même pour moi, toujours affable, toujours bon comme aux premiers jours de mes rapports avec lui, mais je vis bien qu'on faisait effort dans son esprit : il me reprocha de m'être mal entouré, de n'avoir dans mes bureaux et pour agents que des bonapartistes. J'étais, et il en était persuadé, un honnête homme et fort dévoué, mais si je me laissais aveugler, le mal se ferait malgré moi, et je ne pouvais pas me plaindre de ce qu'on y regardait de plus d'un côté, et enfin que deux yeux valaient mieux qu'un. Je pus juger, par le reste du discours, qu'on tenait le prince en grande défiance de tout ce qui se passait, et qu'on essayait d'en faire, dans ce qu'on appelait l'intérêt de sa famille, le chef d'une opposition royaliste. Je craignis qu'il ne fût, par la suite, assez difficile d'être à la fois au Roi et à son frère ; j'en touchai quelque chose au prince, mais avec discrétion : il parut ne pas m'entendre, et je le quittai, pour la première fois, peu satisfait de l'audience qu'il m'avait accordée.

Il était évident que les difficultés déjà si grandes du département de la police allaient se compliquer par la concurrence d'une police rivale qui avait la confiance de Monsieur, et où se trouvaient employés des hommes qui mettraient leurs mensonges sous la protection de leur réputation de royalistes, car déjà, et malgré tout ce que je faisais pour l'empêcher, il s'était formé deux camps avec des noms différents ; les royalistes occupaient l'un et rejetaient sans distinction dans l'autre les gens de toutes les époques de la Révolution.

Quelques jours après mon arrivée au ministère de la police, le Roi me fit appeler et me dit qu'il avait jeté les yeux sur moi pour être l'un de ses commissaires près d'une commission de membres du sénat et du corps législatif qui seraient chargés de la discussion de la constitution.

Le Roi, en me faisant part de cette grâce, y mit pour condition que je ne communiquerais rien à M. de Talleyrand du travail de la réunion. Je suppliai le Roi de remarquer que le secret était difficilement gardé entre vingt-cinq personnes, et que M. de Talleyrand serait indubitablement instruit par un autre que par moi. — « Cela se peut, » reprit Sa Majesté, je demande seulement que ce ne soit pas par » vous. » — Les deux autres commissaires étaient M. l'abbé de Montesquiou et M. Ferrand. Nous eûmes chez M. le chancelier une première réunion où M. de Montesquiou apporta un projet qui renfermait presque tous les articles qui reparaissent dans la Charte et avec la même division. La Constitution délibérée par le sénat, la Déclaration de Saint-Ouen, la Charte sont de la même famille, parce que ces actes ne font que reproduire des principes sur lesquels on était généralement d'accord. Les conséquences pouvaient être plus ou moins développées; mais encore ici on avait depuis vingt-cinq ans épuisé la discussion; par exemple: dès 1790, le système de deux chambres avait été mis en avant. On l'opposait alors au système de la République; on avait d'ailleurs devant soi l'exemple trompeur peut-être, mais séduisant, de l'Angleterre, en sorte qu'il ne s'agissait plus en apparence que d'écrire et de mettre en ordre. L'expérience n'a que trop prouvé qu'il s'agissait de toute autre chose et qu'on allait compromettre la monarchie pour avoir employé à sa restauration, et en trop forte quantité, des matériaux fournis par la Révolution. Malheureusement la direction des idées nous y entraînait. Depuis 1789 jusqu'à l'arrivée de Napoléon, les principes de l'assemblée constituante étaient dans tous les esprits et servaient de base à toutes nos institutions. Napoléon ouvrit brusquement la parenthèse et la remplit des merveilles de son règne; mais sa chute la ferma, et de toutes parts on reprit le discours. Nous en étions là, sans nous douter de notre aveuglement, lorsqu'on mit la main à la Charte.

Il fut convenu que le projet de M. l'abbé de Montesquiou serait présenté à la délibération de la réunion et que les trois commissaires du Roi le défendraient dans la discussion. Je fus chargé aussi de tenir note de la délibération à mesure que les articles seraient arrêtés, et de la rédaction définitive.

Cette discussion, beaucoup trop courte, ne manqua cependant pas de dignité. Le temps, du moins, fut bien employé : la commission était composée, sur la désignation que j'avais faite, mi-partie de membres du sénat et du corps législatif. Entre les premiers figuraient MM. Barthélemy, Boissy-d'Anglas, Fontanes, Barbé-Marbois, Garnier, Pastoret, Sémonville, Vimar. Les membres du corps législatif étaient MM. Lainé, Blanquart de Bailleuil, Chabaud-Latour, Clauzel, Dubois-Savary, Duhamel, de Gillevoisin, Faget de Baure, Félix Faulcon.

La séance s'ouvrit le 31 mai. A son ouverture, M. le chancelier a annoncé que la réunion était faite d'ordre du Roi pour discuter l'acte constitutionnel que Sa Majesté voulait accorder à la France. Il a fait connaître qu'il avait convenu à Sa Majesté de nommer le chancelier de France président de l'assemblée, et ses commissaires auprès d'elle MM. l'abbé de Montesquiou, ministre de l'intérieur, Ferrand et Beugnot, conseillers d'État. Il a ensuite donné lecture de la liste des membres de l'assemblée, arrêtée par le Roi. J'ai, de mon côté, donné lecture de la Déclaration du Roi, datée de Saint-Ouen, le 2 avril dernier, par laquelle Sa Majesté a posé les bases de l'acte constitutionnel qui allait être proposé à la discussion.

Avant d'entamer la discussion sur le fond de la matière, M. Boissy-d'Anglas relève une omission grave dans le projet d'acte constitutionnel : on n'y déclare pas quel est le gouvernement de la France, et rien ne s'y rencontre sur la succession au trône, sur la régence, et d'autres points graves et qui intéressent à un haut degré le pays et la famille régnante.

M. de Montesquiou répond qu'il sait gré à M. Boissy d'Anglas de l'avoir mis à portée de s'expliquer nettement, et dès le début, sur la nature et la forme de l'acte dont on allait s'occuper. Il faut bien se pénétrer de l'esprit dans lequel le Roi est rentré dans ses États et a donné la Déclaration de Saint-Ouen : il y rentre en vertu du principe fondamental qui établit une monarchie héréditaire de mâle en mâle, par ordre de primogéniture. C'est par la puissance royale inhérente à sa personne qu'il a parlé dans la Déclaration de Saint-Ouen et qu'il s'expliquera plus explicitement par l'acte qui va être discuté. Il serait inconséquent de remettre en discussion le pouvoir même à qui appartient le gouvernement et qui a réuni l'assemblée présente ; ensuite il y aurait du danger, car quelle que fût la forme de déclaration qui sortirait de la discussion, elle diminuerait plutôt qu'elle ne fortifierait un principe qui a sa racine dans les siècles, à l'abri duquel la France s'est élevée si haut entre les peuples, et dont l'oubli momentané a causé tous les malheurs. Il doit donc être bien entendu que c'est un projet d'acte royal qui va être discuté, et il faut même que l'intitulé de cet acte en signale à tous les yeux l'origine. M. Boissy d'Anglas réplique qu'il ne conteste rien de ce que vient d'avancer M. de Montesquiou, mais qu'il ne croit pas du tout que l'on affaiblisse un principe lorsqu'on le professe dans une occasion solennelle, comme celle qui

se présente. Le retour de la Maison de Bourbon est un fait qui sera
saillant dans l'histoire. C'est un fait aussi que la France s'est reportée
vers cette ancienne famille pour la longue possession où était cette
famille de lui fournir des Rois; quels inconvénients trouve-t-on à déclarer ces faits, qui sont, pour la Maison régnante, des titres confirma-
tifs des autres, et qui ne peuvent que rehausser l'importance de l'acte
mis en délibération? M. Faget de Baure appuie l'opinion de M. de Montesquiou; il croit que tout ce qui s'est déjà passé depuis la Restauration est la reconnaissance d'un droit préexistant qui n'a besoin d'être
écrit nulle part, parce qu'il est dans l'esprit comme dans le cœur de
tous les Français. D'ailleurs, on ne remonte pas impunément à l'origine des peuples et des Rois, car il y a là des monuments sacrés que
l'on ne saurait toucher. J'insiste de toutes mes forces sur cette dernière vérité, dit M. de Fontanes: un pouvoir supérieur à celui des
peuples et des monarques fit les sociétés, et jeta sur la face du monde
des gouvernements divers. Il faut plutôt en diriger la marche qu'en
expliquer les principes. Plus leurs bases sont anciennes et plus elles
sont vénérables; qui veut trop les chercher, s'égare; qui les touche
de trop près, devient imprudent et peut tout ébranler. Le sage les respecte et baisse la vue devant cette auguste obscurité qui doit couvrir
le mystère social comme le mystère religieux; mais s'il est des voiles
que la prudence humaine ne doit pas lever, il est pour tous les citoyens des droits incontestables qui se manifestent à tous les yeux.
Discutons ces droits avec franchise et, s'il le faut, avec courage; mais
inclinons-nous à l'entrée d'une région plus élevée; nous n'y aborde-
rions pas sans en faire sortir de nouveau des tempêtes; donnons plutôt, les premiers, l'exemple d'une crainte salutaire, et puisse cet
exemple retenir les esprits que la funeste expérience d'une conduite
contraire n'aurait pas corrigés. Je demande que la discussion commence au premier article du projet dont il vient d'être fait lecture. La
proposition de M. de Fontanes est adoptée.

En partant de cette première donnée, les articles qui se trouvaient
compris dans la Constitution du sénat et dans la Déclaration de Saint-
Ouen, devaient passer sans difficulté; c'était le plus grand nombre.
Ainsi les quatre premiers articles furent seulement lus; on fut arrêté
à l'article 5, celui qui garantit la liberté de tous les cultes et leurs
droits égaux à la protection du gouvernement. L'article 6 qui déclare
que la religion catholique, apostolique et romaine est la religion de
l'État, était passé sous le numéro 5, et précédait, comme l'exigeait
l'ordre logique, celui qui garantit cependant aux autres cultes la
même protection. M. Boissy-d'Anglas s'éleva vivement contre l'article:
selon lui, établir une religion de l'État, c'était établir une religion
dominante et renvoyer les autres cultes parmi les cultes étrangers, de

ceux que le Catholicisme tolère tant qu'il est le plus faible, qu'il tra-
casse dès qu'il eu a les moyens, et qu'il proscrit s'il devient le plus
fort. L'histoire moderne n'est qu'un long exemple de ce que l'orateur
vient d'avancer. Après avoir établi en principe que la religion catholique est religion de l'État, il est logique de lui subordonner les cultes
qui ne sont pas de l'État, et il ne l'est pas du tout de les faire marcher
sur la même ligne. Cette inconséquence sera signalée quelque jour,
et le clergé catholique a marché à l'intolérance par des brèches moins
larges que celle-là. M. Boissy-d'Anglas soutint son opinion avec la chaleur qui lui était naturelle, et l'autorité que lui conciliaient ses vertus, son expérience et de glorieux antécédents. M. de Fontanes lui répondit. Il commença par rendre justice à la manière large dont était
rédigé l'article suivant qui garantissait la liberté des cultes. Ce n'était
plus de tolérance qu'il était question, mais d'une égalité de droits,
d'une position exactement parallèle, et certes les communions dissi-
dentes de l'Église romaine n'avaient rien à demander de plus. Mais
cela une fois accordé, ne convenait-il pas de rappeler le fait reconnu
dès 1801 par le Concordat passé entre Pie VII et le gouvernement
français, à savoir : que la religion catholique, apostolique et romaine
est la religion de la très grande majorité des Français, et puisqu'en
cette qualité c'est à ses autels que l'État va porter ses vœux ou ses
actions de grâces, qu'il l'a fait depuis douze siècles, et que le Roi de
France en a reçu des titres d'honneur et de prééminence entre les
Rois chrétiens, comment ne pas reconnaître à l'État comme aux
autres fidèles le droit d'avouer la religion qu'il professe, et il n'y a
pas d'expression plus propre et de moins dangereuse dans ses conséquences que de déclarer la religion catholique la *religion de l'État*,
surtout lorsque par l'article suivant on ferme la porte à tout ce qu'il
serait possible d'en induire contre les autres cultes. M. Chabaud-
Latour reproduisit les moyens déjà développés par M. Boissy-d'Anglas,
mais sans se prononcer entièrement contre l'article 5. Il demanda
qu'on s'occupât avant tout d'établir l'entière liberté des cultes, parce
que c'était là le principe qui devait dominer la matière et par conséquent tout précéder ; qu'ensuite il serait temps d'examiner si quelque
chose de plus pouvait être accordé à la religion catholique. M. l'abbé
de Montesquiou se tenait, à cause de sa robe, pour empêché ou pour
dispensé de rien dire ; et M. Ferrand me pressait de prendre la parole, parce que lui-même n'osait se hasarder dans un débat qui était
devenu assez animé. Je le repris au point avancé où il était déjà ; je
m'attachai à examiner quels abus on pouvait faire dans l'avenir de la
déclaration que la religion catholique, apostolique et romaine, était la
religion de l'État, et je démontrai sans peine que tous étaient prévus
par l'article qui suivait. J'accordai quelque chose aux appréhensions

de M. Boissy-d'Anglas; mais je lui demandai la permission de défendre aussi la religion catholique et je produisis avec assez de facilité ce que j'avais retenu des excellents discours que M. Portalis avait prononcés, sur ce grave sujet, au conseil d'État et devant le corps législatif, en 1802. Je m'aperçus en finissant que j'avais fait impression sur la commission et je pressais par signe M. le chancelier de mettre aux voix. Il ne me comprit pas, parce qu'il était alors entièrement étranger à cette tactique d'assemblée; il laissa le temps aux conversations particulières et confuses, et entre lesquelles M. Garnier demanda la parole; ce dernier orateur déclara qu'il avait écouté avec attention, et cependant que personne ne lui avait appris ce qu'il fallait entendre par ces mots : *la religion de l'État*, et que de lui-même il n'y trouvait aucun sens, en sorte qu'il attachait assez peu de prix à la place qu'occuperait cette déclaration, si elle devait en obtenir une; mais qu'il demandait que l'on s'occupât de l'article qui fondait la liberté et l'égalité des cultes. Je commençais à répondre; M. le chancelier fit un signe négatif convenu à ce qu'il m'a paru avec M. l'abbé de Montesquiou; il laissa de côté l'article 5 qui contenait la déclaration en faveur de la religion catholique et mit aux voix l'article relatif à la liberté et à l'égalité de tous les cultes, qui fut admis à l'unanimité et devint ainsi l'article 5, dans l'ordre des numéros. Cela fait, M. l'abbé de Montesquiou commençait à lire l'article 7, relatif au paiement des ministres des cultes. Je fis alors l'observation que M. le chancelier, prévoyant sans doute le vœu de l'assemblée, avait, sans la consulter, accordé la priorité à l'article 6 sur l'article 5; mais que puisque celui-ci n'avait point été écarté, il restait à le mettre aux voix. M. le chancelier demanda à M. Garnier s'il voulait prendre la parole : celui-ci répondit assez négligemment qu'il ne mettait plus d'intérêt à l'article proposé. M. Boissy-d'Anglas en demanda le rejet, non plus avec la même ardeur et comme par acquit de conscience. Je voulus reprendre l'apologie de l'article, mais je m'arrêtai parce que je m'aperçus que la commission commençait à se fatiguer. On le mit en délibération, et il passa, à quatre voix près, à l'unanimité. Seulement, l'ordre des numéros fut interverti, au regret d'un grand nombre de membres de la commission, et, selon moi du moins, au mépris des règles de la logique. Le jour de cette séance, j'allai chez le Roi, qui déjà était prévenu de ce qui s'était passé. « Je vous sais gré, me dit Sa Majesté, de la manière » dont vous avez défendu l'article relatif à la religion. Je vois que le » débat était entre catholiques et protestants, et que les philosophes » ne s'en sont pas mêlé, quoique vous en ayiez sûrement dans la com- » mission. Je trouve simple que M. Boissy-d'Anglas ait défendu les pro- » testants, et singulier que M. l'abbé de Montesquiou n'ait rien dit » pour les catholiques. Je devine l'excuse qu'il va m'apporter. Le

» mieux est que l'article soit passé; mais il est fort mal placé. » —
« Il dépend du Roi, ai-je répondu, de rendre à chaque article sa véri-
» ritable place, et je le ferai s'il daigne m'yautoriser.» — « Non, reprit
» le Roi : il ne faut pas, si nous pouvons, toucher aux articles arrêtés
» par la commission, ni même à l'ordre qu'elle suit. »

A la séance du 1er juin, M. le chancelier mit à la discussion l'article
8, celui qui reconnaît aux Français le droit de publier et de faire imprimer leurs opinions, en se conformant aux lois qui doivent réprimer
les abus de cette liberté. Cet article trouva des apologistes et des cen-
seurs animés. Il faut placer ici cette observation essentielle, qu'il n'y
avait pas dans la commission un membre qui pensât que la liberté des
journaux fût comprise dans ce qu'on entendait alors par la *liberté de
la Presse*. On croyait que dans celle-ci se trouvaient placés les livres
de tous les formats, les brochures et même les pamphlets de quelque
étendue; mais que les journaux quotidiens restaient dans le domaine
de la police et ne pouvaient pas être soustraits à son action. Si on eût
proposé à la commission un article qui le déclarât expressément, il
eût passé, sinon à l'unanimité, du moins et certainement à une forte
majorité. Et on ne saurait s'en étonner si on refléchit que la commission était composée d'hommes de savoir et d'expérience, qui pour la
plupart avaient traversé les misères ou les horreurs de la révolution,
et qui n'avaient pas oublié quelle part y pouvait revendiquer la licence
des journaux, inséparable de leur liberté ; et cependant, cette grande
exception à part, les meilleurs esprits se trouvaient encore divisés sur
la question de la liberté illimitée. MM. de Fontanes, de Pastoret, de
Sémonville, Faget de Baure, exprimaient leurs appréhensions et re-
cherchaient s'il ne serait pas possible de poser dans la Constitution des
barrières que la loi même ne pourrait pas franchir; et je me rappelle
que M. de Fontanes, entre autres, après avoir parlé sur la question
avec la hauteur de pensées et la dignité d'expressions qui le caractérisaient, termina ainsi : « Je sais ce qu'on a déjà dit, et prévois ce
» qu'on peut dire encore en faveur de cette liberté : je ne la tiens pas
» moins pour le dissolvant le plus actif de toute société. C'est par là
» que nous finirons, si on n'y prend garde, et dès aujourd'hui je dé-
» clare hautement qne je ne me regarderai jamais comme libre, là où
» la Presse le sera. » Cependant cette liberté trouva aussi dans la commission des défenseurs prononcés, mais sages, et qui admettaient sans
difficulté des lois restrictives, tels que MM. Barbé-Marbois, Laîné,
Boissy-d'Anglas, Félix Faulcon. M. l'abbé de Montesquiou parla très
bien dans le dessein de ramener les opinions à un point moyen : il
convint des dangers attachés à la liberté de la Presse, et contre lesquels
on n'était pas suffisamment armé, même avant 1789. Il dit qu'il fallait
s'attendre que le pouvoir législatif, désormais éclairé par une expé-

rience qui avait coûté si cher, poserait des barrières qui mettraient à l'abri la religion, la morale, l'honneur des individus. Il fit voir que l'article proposé n'en assure pas seulement les moyens à la législature, mais qu'elle lui en impose le devoir. M. Clausel de Coussergues présenta des vues fort sages et qu'il appliquait spécialement à la défense de la religion ; il croyait convenable et même facile de poser dès à présent certaines règles qui préviendraient les écarts d'une législature imprudente ou emportée. On convint généralement de la solidité de ses réflexions, mais les commissaires du Roi exprimèrent, par mon organe, le regret que le temps manquât pour descendre dans les détails, quelle que fût leur valeur ; et je fis voir, au reste, que le système adopté par le Roi avait été de ne poser par la Constitution que des principes généraux dont on laisserait au temps et à l'expérience le soin de déduire les conséquences ; la commission applaudit à la prudence de ce parti.

L'article 8 fut mis aux voix et adopté en ces termes :· « Les Fran- » çais ont le droit de publier et de faire imprimer leurs opinions, en » se conformant aux lois qui doivent réprimer les abus de cette li- » berté. »

On a prétendu que dans le projet mis en discussion se trouvaient les deux mots *prévenir* et *réprimer ;* c'est une erreur : je ne vois dans l'exemplaire qui m'a servi pour la discussion que le mot de *réprimer*, et je ne me rappelle pas que celui de *prévenir* ait été prononcé. Mais je trouve dans mes papiers un exemplaire de la Constitution présentée par le sénat, où les mots *prévenir* et *réprimer* se suivent en effet comme on le voit ici. Qui a fait disparaître le premier de ces mots ? par quel motif l'a-t-on fait disparaître du projet mis en discussion devant la commission ? je l'ignore ; mais, soit erreur, soit oubli, on n'a certainement pas cherché, en le supprimant, à étendre d'autant la liberté de la Presse ; on aura cru, et, dans mon opinion, on aura été fondé à croire que le mot de *réprimer* suffisait seul, et que l'économie des mots n'est jamais mieux placée que dans la rédaction des lois. Si l'on veut, en effet, mettre de côté je ne sais quelles subtilités, quelles arguties de l'école, que l'esprit de parti ou plutôt que sa mauvaise foi ont entassées sur la question, il reste évident qu'on ne réprime les abus, quand ils se sont manifestés, que par des lois qui les empêchent de renaître et qui les préviennent dans l'avenir. C'est en cela que consiste la véritable répression. Soutenir que la loi doit laisser d'abord à l'abus toute liberté de se produire, pour tirer de cet abus même le droit de le réprimer, c'est tomber dans l'absurde ; car l'abus peut être porté à un point tel qu'il devienne impossible de le punir ; et n'a-t-on pas vu assez promptement le gouvernement, engagé dans cette fausse et dangereuse interprétation, renoncer à poursuivre les délits de la

Presse, parce que la poursuite en était plus périlleuse que l'impunité?
Assurément le mot *réprimer* était suffisant, car il comprenait l'action
de *prévenir;* mais à en juger par ce qui s'est passé depuis, et qu'il était
à la vérité malaisé de deviner, il est regrettable que les deux mots
n'aient pas été employés cumulativement, dût leur réunion produire
une redondance.

De là on passa à l'article 9, qui porte que « toutes les propriétés sont
inviolables, sans exception de celles qu'on appelle *nationales*, la loi ne
mettant aucune différence entre elles. » Cet article, et essentiellement
pour les termes dans lesquels il etait rédigé, fut attaqué par MM. de
Fontanes et Laîné :

« Pourquoi, disait le premier, ne s'être pas contenté de la disposi-
» tion qui se trouve dans la Constitution du sénat, et qui porte simple-
» ment que les ventes des biens nationaux sont maintenues? On pou-
» vait faire suivre cette disposition d'une autre qui aurait montré dans
» l'avenir la justice d'une indemnité aux anciens propriétaires; et si
» les nouveaux sont alarmés, ce dont je doute, ils auraient été mieux
» rassurés que par un article d'une sévérité excessive, et qui, en pla-
» çant toute la faveur publique d'un côté, éveillera des ressentiments
» si naturels de l'autre. J'apprécie la générosité de ces fidèles qui ont
» vieilli sous la bannière de France égarée sur la terre étrangère ;
» le premier de leurs vœux est rempli, puisqu'ils nous le rappor-
» tent sans tache; mais ils sont hommes, et tel est le sort de notre
» pauvre espèce, que nous nous habituons avec le temps à fouler la
» tombe sous laquelle reposent nos pères, et que jamais nous ne
» passons sans irritation sous l'arbre qu'ils ont planté, et où nous
» trouvons l'usurpateur assis. J'insiste pour une autre rédaction de
« l'article 9. »

J'étais coupable de cette rédaction : les renseignements qui m'arrivaient de toutes parts indiquaient de la fermentation parmi les acquéreurs de biens nationaux et surtout de biens d'émigrés; en Bretagne et en Poitou, d'anciens seigneurs avaient fait des tentatives
imprudentes de rentrée en possession; ils étaient en petit nombre, et
ces tentatives n'avaient pas eu de suites. Il n'y avait certainement là
rien qui pût étonner : on devait plutôt admirer que parmi tant de
propriétaires dépouillés, et dans une classe ardente et armée, les
choses n'eussent pas été poussées plus loin; mais déjà les journaux
avaient abusé de quelques faits isolés pour jeter l'alarme; chaque jour
je la voyais s'accroître, et j'attachais un grand prix à faire placer dans
la Constitution une disposition qui rassurât complètement les esprits.
Je la croyais d'autant plus nécessaire, que dans une dernière conversation avec le Roi, j'avais cru pouvoir défendre un homme en place
taxé d'être un acquéreur de biens nationaux, en convenant qu'à la

vérité il avait acheté des biens du clergé, mais que jamais il ne serait
venu dans sa pensée d'acheter des biens d'émigrés. « Je ne vois pas,
» avait répondu le Roi, quelle différence on y peut faire, si ce n'est
» que les uns étaient encore plus sacrés que les autres. » Ce propos,
jeté avec une sorte d'humeur, me fit une impression assez vive pour
que le Roi l'aperçut. Il sentit apparemment qu'avec moi il avait été
trop loin, et il ajouta d'un ton adouci : « Enfin, ce qui est fait est fait;
» tant pis, tant mieux pour ceux qui ont ces biens et pour ceux qui
» ne les ont plus. » Le correctif n'effaça pas du tout de mon esprit
l'inquiétude que le propos y avait fait naître, et je croyais bien méri-
ter du Roi et de sa famille en les prémunissant contre les préventions
dont je les supposais animés envers les acquéreurs de biens nationaux;
et c'est au même dessein, plutôt qu'à des besoins de finances, que l'on
doit attribuer les efforts qui ont été faits depuis pour obliger Louis XVIII
à aliéner lui-même de ces biens et à en faire entrer quelques-uns dans
ses domaines.

Quoi qu'il en soit, je défendis de toutes mes forces l'article 9 devant
la commission : « Je ne sais rien de pire, disais-je, que deux espèces
de propriété dans un même État; il est de l'essence de la propriété
qu'elle soit une; qu'elle soit à tous les yeux empreinte du même caractère; que ce soit enfin une idée simple, je dirais presque une idée
fixe. C'est à ces conditions seulement qu'elle est inviolable. Il a donc
été heureux de trouver une formule de rédaction qui confondît entièrement les propriétés anciennes et les propriétés nouvelles; qui n'en
fît qu'une seule masse sur laquelle serait également apposé le sceau
de l'inviolabilité. Il en va résulter que les propriétaires anciens seront
intéressés à faire respecter les propriétaires nouveaux, et je ne sais
quelle plus puissante garantie on pouvait imaginer pour ces derniers,
puisque celle-ci leur assure, non pas seulement la protection du gouvernement, mais celle de la société tout entière; et j'oserai le dire :
il n'y a rien là de trop, comme l'a si bien exprimé l'illustre orateur
qui a ouvert la discussion : « Les proscriptions passent vite, les confis-
» cations restent et suscitent après elles d'interminables haines, si on
» ne les prévient dès le principe. » M. de Fontanes aurait pu nous en
fournir de mémorables exemples dans l'antiquité, dont l'esprit lui est
aussi connu que la langue lui est familière. Nous sommes dans une
circonstance à peu près pareille à celle où l'orateur romain se prononça si vivement en faveur des nouveaux propriétaires ; mais nous
sommes plus heureux, car ici les sentiments ne diffèrent pas au fond.
Personne en effet n'a la pensée qu'on puisse troubler les acquéreurs
des domaines nationaux. Cette sagesse unanime doit être d'abord con-
statée et publiée très haut. Tout le monde est ensuite d'accord qu'on
doit s'occuper d'indemniser autrement les anciens propriétaires. Ces

deux points convenus, il faut bien reconnaître que la forme de rédaction qui impose le plus sûrement la sécurité, d'une part, et la paix, de l'autre, est la meilleure. »

« A Dieu ne plaise, répondit M. Lainé avec cet accent d'une belle
» âme, qui est le véritable caractère de son éloquence, à Dieu ne
» plaise que j'applaudisse à la cruelle habileté qui a dicté l'article en
» discussion : Eh quoi! Messieurs, c'est l'ancienne propriété, dont la
» nature est si respectable, dont les titres sont si sacrés, qu'on rend
» complice d'une immense spoliation en les confondant l'une avec
» l'autre, de manière qu'elles paraissent se servir mutuellement
» d'appui. Non, vous n'y parviendrez pas; de quelques termes que
» vous vous serviez, quelle que soit la contexture que vous leur don-
» niez, ils ne prévaudront pas contre les idées qui seules fondent le
» sentiment intime de la propriété, contre ces idées du juste et de
» l'injuste qui seules la peuvent maintenir. Une ancienne propriété
» sera toujours une propriété, et un bien national ne sera qu'un bien
» national; et vous voyez déjà qu'en dépit de vos prescriptions, de vos
» lois, de vos menaces, la conscience publique s'obstine à en faire la
» différence. Votre article, de quelque manière qu'il soit rédigé, n'y
» changera rien; il ne peut faire aucun bien, il fera beaucoup de mal.
» Que doit-on désirer dans l'intérêt de la paix et j'ajoute de la pros-
» périté publique? que les biens des émigrés retournent sans troubles
» et sans secousses aux anciens propriétaires. Cette voie s'est ouverte
» d'elle-même. De nombreuses transactions ont eu lieu jusqu'ici, et
» chaque jour il s'en passe où il s'en prépare de nouvelles. Voilà ce
» qu'il fallait encourager dans l'intérêt de l'Etat; et loin de là, en
» adoptant l'article proposé, vous y apportez autant d'obstacles qu'il
» est en votre pouvoir; et, chose singulière! le sort des Français dé-
» possédés pour leur fidélité à la maison de Bourbon va s'empirer par
» le retour des princes de cette Maison. Laissez au moins cette matière
» sous l'ancienne législation, sous celle du Directoire et de l'Empire,
» qui certes ne péchait pas par l'indulgence, et dans un moment où
» l'union des cœurs est si désirable, craignez de désespérer la fidélité
» et d'irriter la fierté compagne de l'infortune. Je me range à l'opi-
» nion de M. de Fontanes. »

M. Faget de Baure, qui avait été mis sur la voie par la considération qui terminait le discours de M. Lainé, reproduisit dans leur ordre les dispositions de lois qui avaient été portées dans le dessein de rassurer les acquéreurs de biens nationaux; il passa ensuite à la jurisprudence qui était établie sur cette matière, et cita des décisions d'une extrême sévérité contre les émigrés. Il demanda si, de bonne foi, on avait encore quelque chose à désirer sur cette matière. Il ne se dissimulait pas que la Restauration enhardirait les prétentions des émigrés; mais il démontrait, par des raisons déduites d'une sage prévoyance, que la sévérité de la jurisprudence ne pouvait pas diminuer sous la Maison de Bourbon. Il terminait par dire que s'il avait besoin d'une preuve de plus, il la trouverait dans l'article produit et défendu au nom du Roi par les commissaires de son conseil.

Ma position devenait embarrassante; j'avais à me défendre contre de rudes joûteurs, et sans avoir de secours à espérer de mes deux collègues. M. Ferrand me conseillait d'annoncer que nous en référerions au Roi, c'est-à-dire d'abandonner l'article. La conscience me le défendait par les motifs que j'ai expliqués et que je ne pouvais pas révéler à la commission. Je repris donc la parole ; je quittai les sentiers du raisonnement où je n'aurais pas marché d'un pas bien ferme, et je me jetai dans les faits. J'annonçai qu'il était de mon devoir de dire à la commission que l'inquiétude des acquéreurs de domaines nationaux était générale, et qu'elle se fondait sur ce qui s'était déjà passé en plus d'un endroit. Je déroulai alors la liste des faits qui, depuis un mois, étaient parvenus au ministère de la police, et entre lesquels il s'en trouvait d'assez audacieux de la part des emigrés. Je m'aperçus, aux signes d'étonnement que donnaient les membres de la commission, que j'y faisais impression, et que la majorité, suspecte de posséder au moins des biens d'église, ne serait pas fâchée que l'article passât. Il ne s'agissait plus que de lui fournir une excuse. Je la trouvai dans l'article qui suivait immédiatement celui qui était en discussion. Je lus cet article, qui porte que l'Etat peut exiger le sacrifice d'une propriété pour cause d'intérêt public légalement constaté, mais avec une indemnité préalable; et je soutins que cet article s'appliquait au sacrifice que l'Etat exigeait des biens confisqués pour cause d'émigration, et qu'il rendait l'indemnité infaillible. La majorité crut ou fit semblant de croire que j'avais raison, et l'article 9 fut adopté.

Les autres articles n'éprouvèrent pas de difficulté; cependant M. Félix Faulcon proposa, à l'article 12, un amendement. Le projet portait simplement, « la conscription est abolie. » L'amendement consistait à ajouter : « Le mode de recrutement de l'armée de terre et » de mer est déterminé par une loi. » Et, sur un court développement de son utilité, il fut adopté.

Ici se terminait le premier chapitre de la Constitution, celui qui est intitulé *Droits publics des Français*. Il avait paru dans l'ordre des idées et des convenances de commencer par définir les droits des Français avant que de s'occuper de la forme du gouvernement, parce que ces droits en étaient indépendants. On n'a pas aperçu tout ce qu'il y avait de sérieux et même de libéral dans la distribution des chapitres de cet acte important; on n'y voit pas figurer de déclaration des droits de l'homme, parce qu'une pareille déclaration n'était autre chose qu'un appel à la révolte, auquel la France avait trop souvent répondu; mais les droits des Français y sont avant tout reconnus et déclarés. La part ainsi faite à la nation, il ne restait plus en face que la royauté à qui il appartenait de déclarer elle-même comment elle exercerait à l'avenir; aussi le reste comprend les formes du nouveau gouvernement du Roi, c'est-à-dire une Chambre des Pairs, une Chambre des Députés, pour concourir à la puissance législative; des ministres et des tribunaux pour l'exercice de la puissance exécutrice; et le dernier chapitre est réservé à la reconnaissance de certains droits particuliers dont la paix publique réclamait le maintien. Tout garde ici la forme d'une concession, mais d'une concession combinée avec habileté et qui ne vient qu'après la reconnaissance des droits publics des Français. Il eût été difficile de procéder avec plus de sagesse et d'adopter une meilleure méthode.

La commission, parvenue au chapitre qui contient les formes du gouvernement du Roi, passa, sans autres difficultés que quelques observations sur la rédaction, aux articles 13, 14, 15, 16, 17 et 18.

L'article 14 était cependant d'une haute importance : cet article qui comprend dans des dispositions générales les éléments du pouvoir exécutif, termine par réserver au Roi la faculté de faire les réglements et ordonnances nécessaires pour l'exécution des lois et la sûreté de l'Etat. A-t-on placé cet article dans le chapitre du gouvernement du Roi, dans le dessein de lui réserver une dictature pour ces circonstances extraordinaires qui surviennent dans le gouvernement des Etats et qui dépassent la prévoyance humaine?

Je crois pouvoir assurer que telle n'a point été l'intention de la commission ni des rédacteurs du projet sur lequel la commission délibérait ; ces derniers ont pris cet article, comme quelques autres, dans des constitutions antérieures où ils reposaient sans conséquence. On les voyait reparaître à toute occasion comme des formules convenues, et je ne sais pas si cette fois on y avait mis plus de réflexion que dans les précédentes; mais si chaque membre de là commission eût été appelé à déclarer ce qu'il avait été entendu par ces expressions : *faire des réglements et ordonnances nécessaires pour l'exécution des lois et la sûreté de l'Etat,* il aurait commencé par exclure de toute interprétation la faculté de faire des lois, mais seulement des réglements d'exécution dont presque toutes les lois ont besoin dans un pays si vaste et de configuration si variée que la France. Il aurait admis ensuite le pouvoir de porter la force publique et de la faire agir soit à l'extérieur, soit à l'intérieur, partout enfin où la sûreté eût été menacée; mais il n'aurait cru avoir rien délibéré de plus; et c'est parce que ces réglemens et cette disposition de la force publique étaient des attributs nécessaires du pouvoir exécutif qu'on les avait de tout temps admis sans discussion. Il en eût été autrement dans la commission, s'il eût été question de discuter une dictature, c'est-à-dire la réunion dans les mains du prince de tous les pouvoirs de l'Etat dans certains cas donnés.

Cependant cette doctrine a été appliquée sous Louis XVIII, par l'ordonnance du 24 juillet 1815, qui a disposé du sort d'un certain nombre d'individus qui avaient incontestablement le droit de se défendre devant les tribunanx des reproches dont ils étaient l'objet; et par l'ordonnance du 13 juillet de la même année, qui a modifié plusieurs articles de la Charte, augmenté le nombre des députés, diminué l'âge requis pour entrer à la Chambre, et conféré aux préfets la faculté de faire des électeurs. Enfin, on a persisté dans le système, et même par l'ordonnance du 5 septembre 1816 qui a rapporté la précédente; mais il s'agissait d'échapper aux restes de la crise des Cent-Jours où l'existence même de la France avait été compromise, et du milieu des périls de ce genre surgit une dictature qui n'a besoin d'être écrite nulle part, et dont le chef de l'Etat se trouve naturellement investi. C'est pour lui un devoir étroit que de se placer en pareil cas au-dessus de lois pour sauver les lois elles-mêmes; et il ne faut pas qu'un tel pouvoir soit écrit et encore moins défini, car il s'en affaiblirait. A Rome, on désignait le dictateur; et à l'instant même tout pouvoir s'abaissait; le sien seul était debout; et quand, depuis, le sénat admit la fameuse formule *caveant consules*, etc, on ne demandait compte aux consuls que d'un seul fait, du *salut* de la République.

Ces principes ont été solennellement proclamés à la Chambre des Pairs par le savant rapporteur de la loi de la Presse de 1828; on avait, dans la discussion, parlé *d'un péril imminent pour l'Etat* : « Dans un » péril tel qu'on le suppose, avait répondu M. le comte Siméon, le » Roi, et par conséquent son gouvernement, peut tout; il n'est pas » besoin que la loi lui fasse une réserve de ce qu'il tient de son droit » de chef suprême de l'Etat. S'il y a danger imminent, la dictature lui » appartient. Il importe donc assez peu qu'on ait ou non voulu écrire » cette dictature dans l'article 14 de la charte, et qu'elle s'y trouve ou » ne s'y trouve pas; mais on insistera, et on demandera à quels signes » se peut reconnaître le péril? quel sera le juge de son imminence? On » répond qu'il y a dans ces graves circonstances une série de faits » patents qui ne peuvent échapper à personne. Ensuite le Roi est le » juge nécessaire de l'imminence du péril, puisqu'il est le mieux à » portée d'en juger, et le plus intéressé à l'écarter. La responsabilité » de ses conseillers se présente aussi pour garantir l'abus qu'il pour- » rait faire de sa position. Enfin, si tout cela ne suffisait, c'est qu'il y

» a toujours au fond de nos institutions quelque réduit caché où il
» n'est pas donné à l'humaine faiblesse de pénétrer. »

Dans le projet présenté par la commission, la faculté de faire des
propositions de lois, de la part de l'une ou de l'autre Chambre, n'existait point; de sorte qu'on y trouvait rapprochées de fort près l'initiative
exclusive et la sanction, réservées au Roi.

M. Garnier s'éleva contre le concours de ces deux dispositions : « Je
ne saurais concevoir, disait-il, comment on peut placer à la fois dans
la main du Roi l'initiative exclusive des lois et leur sanction. Si le
Roi seul peut proposer des lois, apparemment il n'en proposera que
de sages, et alors de quoi sert-il de lui donner encore la sanction,
c'est-à-dire l'approbation de son propre ouvrage? Il y a ici sur un
même point une double action qui paraît inutile et même ridicule,
mais voyons au fond : que va-t-il se passer entre ces deux termes de
l'initiative et de la sanction; que les Chambres délibéreront, et sur
quoi? seulement sur ce qu'il plaira au Roi de leur présenter. Je vois
bien qu'elles auront ainsi le pouvoir de refuser leur vote à une loi
qu'elles jugeront mauvaise; mais il leur manquera celui d'introduire
une loi qu'elles auront jugé bonne et même nécessaire. Ou je ne m'y
connais pas, ou il n'y a là que moitié du système représentatif, ou
plutôt ce système est tout à fait manqué, car il ne consiste pas seulement à préserver le pays de mauvaises lois, mais à lui en procurer de
bonnes. Je vois les Chambres réduites à un rôle consultatif obligé,
rôle qui peut devenir dangereux si des Chambres mal disposées s'obs-
tinaient à refuser tout ce qui serait proposé par le Roi, et qui est im-
puissant pour toute espèce de bien, puisqu'elles ne peuvent rien proposer d'elles-mêmes. »

« Je dois, répondit M. l'abbé de Montesquiou, soutenir le concours
des deux articles proposés dans l'intérêt de la prérogative royale et
dans celui du pays; à quelque époque de l'histoire que l'on veuille
remonter, et depuis les Capitulaires jusqu'à 1789, on trouve la couronne en possession de proposer la loi, et puisque l'excellence de la
législation française a été vantée, même par les premiers d'entre les
publicistes étrangers, il ne faut pas abandonner les formes qui ont
contribué à sa perfection. Sans doute, les Français sont dotés d'admi-
rables qualités, mais il faut avouer qu'ils sont vifs, impatients, et
qu'avec eux le premier moment est un séducteur dangereux; que si
chaque membre de la Chambre a le droit de proposer une loi, il lui
suffira de se ménager l'appui de quelques orateurs influents, et de
saisir le moment pour emporter l'assemblée plus loin qu'elle n'aura
cru et qu'elle n'aurait voulu aller. La délibération d'une seconde
Chambre, la sanction du Roi, offriront, je le sais, un remède et un
contre-poids; mais que l'opinion soit frappée par quelque proposition

qui recèlera un danger réel sous un voile d'intérêt populaire, les esprits seront emportés, le dehors s'agitera, l'intrigue s'interposera entre la Chambre qui aura proposé la loi et les deux autres branches de la puissance législative, et celles-ci auront besoin d'être libres. J'en appelle à la conscience de ceux des membres de la commission qui ont fait partie des deux premières assemblées : n'ont-ils pas vu ces assemblées si violentes qu'elles aient pu regretter le lendemain le décret porté de la veille; et de quoi a servi à Louis XVI ce droit de sanction qui lui avait été décerné avec tant de solennité, et dont le libre exercice lui avait été si souvent et si vainement garanti? La royauté, dépouillée de l'initiative, est restée désarmée et a promptement succombé sous les traits des factions; aussi le Roi, qui a profondément médité sur cet article fondamental de la monarchie, nous a-t-il déclaré que jamais il ne se départirait d'un droit inhérent sa couronne, et qu'il tient pour l'une des bases essentielles de l'ordre public, et la première condition de la tranquillité de ses peuples.

» Je passe maintenant à la sanction : personne ne peut songer à séparer de la royauté cet acte qui, en quelque sorte, la constitue et la révèle aux peuples. Mais, dit-on, les Chambres ainsi resserrées entre l'initiativeet la sanction ne seront que des espèces de conseils obligés, oui, mais des conseils publics qui parleront au nom de la nation, et dont il sera presque impossible de repousser les avis lorsqu'ils seront sages; mais des conseils qui auront le droit de rejeter ce qui ne leur conviendra pas; des conseils qui auront un droit qui domine tous les autres, celui d'accorder l'impôt. Eh ! Messieurs, voilà du pouvoir représentatif tout autant qu'il en faut aux Français; songez que ce pouvoir, une fois implanté dans une nation, tend toujours à s'étendre. Les Chambres d'Angleterre n'étaient pas autre chose, dans l'origine, que des conseils obligés, et que les Rois trouvaient toute sorte de peine à réunir; et voyez ce qu'elles sont aujourd'hui. On a tout compromis et bientôt tout perdu en 1789, lorsqu'on a mis la royauté à nu pour reporter tout le pouvoir sur une assemblée délibérante. Remercions le Roi de nous tenir à longue distance d'un tel excès; jamais nous ne devons perdre de vue qu'il s'agit ici de faire l'essai d'une nouvelle forme de gouvernement. L'essai réussira, j'aime à le croire, mais si nous devions éprouver encore des secousses, laissons assez de force, pour les apaiser, à ce trône qui a si longtemps et si glorieusement abrité nos pères. »

La discussion resta longtemps engagée sur ce terrain; MM. Barbé-Marbois, de Sémonville, Chabaud-Latour, Félix Faulcon, défendaient le système que les Chambres devaient partager l'initiative avec le Roi, en prenant de sévères précautions pour qu'elles ne pussent pas abuser de cette faculté; et chacun des opinants développait l'espèce de précautions qu'il regardait comme préférables. M. Pastoret prit la parole le dernier : il accorda, dès le début, à M. l'abbé de Montesquiou le danger d'attribuer à une assemblée de Français l'initiative des lois, si on n'entourait pas cette faculté de lenteurs, de précautions, de formes enfin qui pussent tempérer l'impétuosité du caractère national ; mais il ajouta qu'il lui semblait bien difficile de priver entièrement les Chambres des moyens d'exprimer le vœu public sur la nécessité ou la haute convenance d'une loi. Il ne serait pas exact de dire que la nation ait été anciennement privée de cette faculté ; sans remonter plus haut, elle l'exerçait dans les Etats-Généraux sous la forme de plaintes, de doléances, de présentation de cahiers ; et cette forme d'initiative n'était pas sans conséquence, car c'est de la sorte qu'ont été provoqués les édits de Blois et de Romorantin, l'ordonnance d'Orléans, etc., etc., et les préambules de ces lois en font foi. Lorsque, par succession de temps, le droit des Etats-Généraux semblait dévolu aux cours souveraines, l'initiative se reproduisit sous de nouvelles formes. Il y a donc ici une sorte de tradition en faveur du pays : la plainte est naturelle à celui qui souffre, et il faut bien que par une voie ou par une autre elle s'élève vers le Pouvoir, dont on attend le remède. Aussi, sous tous les gouvernements, signale-t-on une forme quelconque d'initiative : dans les gouvernements modérés elle s'exerce par des moyens analogues à la nature du gouvernement ; sous le despotisme, par des révoltes et des incendies ; cependant, et dès qu'il s'agit de convenir des formes d'un gouvernement représentatif pour la France, il est indispensable de donner aux Chambres une portion de l'initiative si restreinte qu'elle soit, autrement on s'expose au danger de les voir se l'approprier par des moyens irréguliers et dont la tribune leur aura promptement révélé le secret.

Pendant la discussion, où personne n'avait appuyé le système des commissaires du Roi, M. le comte Vimar m'avait fait passer un billet conçu en ces termes :

« Il sera fâcheux que vous soyez obligé de dire au Roi que la
» commission entière a manifesté une opinion contraire à celle de Sa
» Majesté ; ne pourrait-on pas les concilier en accordant à la Chambre
» des Députés la faculté de supplier le Roi de proposer une loi lors-
» qu'elle serait sollicitée par le vœu public? Je ne vous donne qu'une
» idée, voyez si vous en pouvez tirer parti. »

Je mis ce billet sous les yeux de mon collègue M. Ferrand, qui me dit qu'il partageait l'avis de M. Vimar, et qu'il m'engageait à prendre la parole pour le soumettre à la commission. Je fis observer à M. Ferrand qu'il était plus convenable qu'il s'en chargeât lui-même, parcequ'une telle proposition aurait dans sa bouche plus de poids que dans la mienne, et que nous éviterions à la commission l'accès d'humeur que ne manquerait pas d'avoir M. l'abbé de Montesquiou s'il me trouvait sur son chemin pour le contrarier le moins du monde. M. Ferrand se rendit à ces raisons et rédigea la proposition telle à peu près qu'elle était contenue au billet de M. Vimar; il en donna lecture à la commission, où elle obtint, quant au fond, l'approbation unanime; mais de là sortirent plusieurs questions :

La faculté de supplier le Roi de proposer une loi sollicitée par le vœu public appartiendra-t-elle seulement à la Chambre des Députés, ou sera-t-elle commune aux deux Chambres?

Le Roi ne pourra-t-il pas, si la faculté est commune aux deux Chambres, se trouver embarrassé entre des propositions différentes émanées simultanément de l'une et de l'autre Chambre?

La faculté des Chambres doit-elle être limitée à des projets de loi sollicités par le vœu public? A quels signes reconnaître et comment constater ce vœu public?

La discussion de ces propositions dans la Chambre des Députés n'absorbera-t-elle pas son attention, et l'intérêt du public appelé à ses séances, de sorte qu'elle ne traite plus que négligemment les projets de lois présentés au nom du Roi?

Quels délais doivent être interposés entre la présentation aux Chambres d'une demande à faire au Roi, sa discussion et son envoi à Sa Majesté?

Quelles formes doivent être introduites pour garantir de la part des Chambres un examen réfléchi?

Enfin, la demande de soumettre au Roi ne devant pas entraîner de suite nécessaire, ne doit-on pas fixer un délai passé lequel le silence du trône équivaudra à un refus?

La commission renvoya au lendemain la discussion de ces questions, parce que la séance avait été longue et fatigante, et qu'il était nécessaire de connaître l'intention du Roi avant que de s'engager plus à fond dans la matière. A l'ouverture de la séance du 24, M. le chancelier annonça qu'il avait rendu compte au Roi de la discussion qui avait eu lieu dans le sein de la commission, et lui avait demandé ses ordres, et que Sa Majesté persistait à ne rien relâcher du droit d'initiative qu'il regardait comme un fleuron de sa couronne; mais qu'après avoir mûrement pesé la faculté à accorder aux Chambres de supplier le Roi de proposer une loi qui leur paraîtrait utile, le Roi y avait trouvé une reconnaissance plutôt qu'un empiétement sur l'initiative royale; qu'en effet, et de tout temps, cette faculté s'était exercée en France dans une forme ou dans une autre; que Sa Majesté désirait seulement que la commission prît les précautions convenables pour que cet exercice fût préservé dans l'avenir de tout inconvénient.

Là question s'établissait nettement par la déclaratiou faite au nom
du Roi par M. le chancelier : la discussion en devint plus facile, et il
fut arrêté, d'abord, que la prière de proposer une loi adressée au Roi
pouvait s'étendre à quelque objet que ce fût, et même indiquer ce
qu'il semblerait convenable que la loi renfermât. De la sorte, la faculté s'appliquait à toutes les matières, et pouvait, au besoin, descendre jusqu'aux détails de la loi désirée; c'était se rapprocher de
l'initiative autant qu'il était possible ou permis de le faire. On sentit
ensuite que ce serait donner trop d'avantages à la Chambre des Députés, qui en avait beaucoup, que d'accorder cette faculté à elle
seule : elle fut donc accordée aux deux Chambres, et pour que l'exercice de cette faculté ne devînt pas dans la Chambre des Députés un
appât offert aux ambitions de popularité, il fut décidé qu'en pareil cas
la discussion aurait lieu en comité secret. Ici, la commission fut arrêtée par la question de savoir si chaque Chambre pouvait présenter
directement au Roi la demande d'une loi, et à côté de l'affirmative se
trouvait cette difficulté que l'une et l'autre Chambre étant composée
d'éléments divers, et appelée à stipuler des intérêts qui devaient ne
pas s'accorder toujours, il arriverait cette circonstance où chaque
Chambre pourrait, sur le même sujet, présenter des projets de lois
opposés. Dans ce cas, à la vérité, le trône jouait entre les Chambres
un rôle de médiateur qui avait son côté imposant, mais qui aurait
aussi son danger dans un moment d'effervescence, et où le Roi devrait
se décider entre une Chambre à qui le mouvement est naturel, et
celle dont le premier devoir est la conservation. M. Faget de Baure,
après avoir bien établi la difficulté, en indiqua la solution dans cette
mesure, de faire passer d'une Chambre à l'autre la proposition d'une
demande à soumettre au Roi, et d'y faire délibérer chaque Chambre
successivement, de même que sur un projet de loi. A cette forme
étaient attachés des avantages de plus d'un genre : le concert entre
les deux branches du pouvoir législatif en naissait naturellement,
puisque la proposition ne pouvait être soumise au Roi que si elle était
adoptée par l'une et l'autre Chambre, et cet assentiment, une fois obtenu, il faudrait des raisons bien fortes pour que la couronne refusât
son initiative, en sorte que c'était y faire participer les Chambres
d'une façon indirecte et peut-être préférable à toute autre. La commission se rangea unanimement de cet avis.

Cependant, M. de Sémonville voulut encore que l'on prévît le cas,
assez rare à la vérité, où l'une et l'autre Chambre s'entendraient pour
porter coup sur coup, au Roi, des demandes de lois à proposer. Il
rappela la dangereuse précipitation des décrets de l'assemblée constituante, et celle plus dangereuse encore des décrets d'urgence de l'assemblée législative; il proposa d'y pourvoir par cette disposition, que

la demande d'une proposition de loi qui aurait pris naissance dans une Chambre et y aurait été adoptée, ne serait envoyée par elle à l'autre Chambre qu'après un délai de dix jours. Cette disposition passa aussi à l'unanimité. M. Blanquart de Bailleul fit observer qu'il fallait encore prévoir le cas où l'une des deux Chambres qui aurait adressé à l'autre une proposition de loi que celle-ci aurait rejetée, reviendrait à la charge plusieurs fois de suite et à de courts intervalles, ce qui établirait une sorte de lutte qui ne serait pas sans danger ou du moins sans scandale; et il fut décidé que lorsqu'une proposition adoptée par une Chambre aurait été rejetée par l'autre, elle ne pourrait pas être reproduite dans la même session. Enfin la commission s'arrêta un instant sur le point de savoir s'il était utile d'insérer dans la Constitution que les demandes portées au Roi n'auraient pas de suites nécessaires, et que le seul silence de la couronne pendant un délai donné suffirait pour en faire supposer le rejet. Mais on remarqua que cette disposition était de droit puisque les Chambres ne procédaient à l'égard du Roi que par voie de supplication et que toute disposition qui laisserait soupçonner que la liberté du Roi eut été le moins du monde altérée, même celle qui prendrait en pareil cas son silence pour un rejet, serait une atteinte à la prérogative que la commission voulait et devait réserver tout entière.

La rédaction de toutes les décisions prises me fut renvoyée avec la prière de la rendre aussi claire et aussi courte qu'il se pourrait; j'y rencontrai quelque peine : les formes imposées à la proposition de loi s'étaient accumulées durant la discussion sans qu'on s'en aperçût, et il n'était pas facile de les faire jouer d'une Chambre à l'autre, et des deux Chambres au Roi. Je fus obligé d'y dépenser trois articles que je retournai en dix manières différentes avant que de trouver l'ordre dans lequel il sont rédigés sous les numéros 19, 20 et 21 de la Charte. La commission adopta ma rédaction, mais je n'en suis pas encore satisfait. Je trouve que M. Benjamin Constant a été plus heureux lorsqu'il a eu à exprimer la même disposition par les articles 24 et 25 de l'acte additionnel de 1815. Il est vrai, comme il en est convenu avec moi, qu'il n'aurait pas été plus clair que moi, si je ne m'étais pas donné tant de peine pour l'être moi-même. Ce publiciste, dont nul ne contestera l'habileté, m'a fait l'éloge de cette espèce d'initiative indirecte dont l'invention appartient à la commission de la Charte, et a été édifié de la discussion que cette matière avait subie dans son sein. Il blâma seulement la condition du comité secret; mais cette disposition à part, et si nous avions la moindre intelligence de nos propres affaires, il y aurait peu de différence entre l'initiative indirecte accordée aux Chambres et l'initiative directe réservée au Roi.

L'article 22 reconnut au Roi le droit exclusif de sanction et de promulgation des lois.

L'article 23, celui relatif à la liste civile, ne figurait pas au projet présenté par les commissaires du Roi. Il fut proposé par M. Clausel de Coussergues : « Sans peine on conçoit, dit l'orateur, comment le Roi, tout entier à ces hautes pensées qui doivent fonder la liberté et le bonheur de ses peuples, n'ait pu en descendre à des considérations d'intérêt personnel. Aussi, dans le projet qui vous est présenté, ne se trouve-t-il rien qui fasse mention de la liste civile. Noble et touchant oubli dans cette famille héritière d'un patrimoine immense et qui recouvrerait aujourd'hui une partie de la France, si elle ne l'eut successivement consacré à la défense et à la prospérité de l'État; mais s'il a été de la dignité de Louis XVIII de l'oublier, il est de notre devoir de nous le rappeler. Je propose donc d'ajouter au chapitre en discussion un article conçu en ces termes : « La liste civile est fixée » pour toute la durée du règne, par la première législature assemblée » depuis l'avènement du Roi. » J'admets la liste civile comme préétablie, parce qu'elle n'est, je le répète, qu'une faible indemnité de l'abandon que depuis le commencement de la troisième race nos Rois ont fait à l'État, des domaines immenses qu'ils ont successivement recueillis par l'héritage ; mais je mets à la liste civile cette condition qu'elle sera fixée pour toute la durée du règne par la première législature assemblée depuis l'avénement du Roi; outre le droit qui résulte pour le Roi des considérations que je viens de faire valoir, vous trouverez, Messieurs, de hautes convenances qui ne permettent pas de remettre tous les ans la liste civile en question, dans le sein des Chambres. Je ne mets certes pas sur la même ligne l'accession du Roi Guillaume au trône de la Grande-Bretagne et le retour de Louis XVIII sur le sien ; mais rappelons-nous l'aigreur qui régna entre Guillaume et la Chambre des Communes, par l'obstination de celle-ci à ne voter la liste civile que pour un an ; et que lui-même n'hésitait pas à déclarer qu'il ne se croirait véritablement Roi que lorsque sa liste civile aurait été fixée pour sa vie; et telle fut en effet sa continuelle dépendance des Communes que l'Europe a dit de lui « qu'il était Roi de Hollande, mais qu'il n'était que Stathouder en Angleterre. » Loin de moi de soupçonner que Louis XVIII ait rien de tel à craindre de ses sujets : outre la vive et naturelle affection qui nous attache au sang de nos Rois, trop de respect, trop de reconnaissance nous pressent autour de celui que nous avons retrouvé; mais ce qui distingue surtout les Français est un sentiment délicat des convenances, une générosité élevée, et qui ne supporte pas certain genre d'investigation et de contrôle. Or, ne serait-ce pas blesser ce sentiment que de soumettre, chaque année, aux délibérations publiques des Chambres les dépenses personnelles au monarque? L'opposition s'en ferait peut-être une arme; et ne perdons pas de vue que la royauté ressemble à une fleur délicate qui se flétrit dès qu'on la touche de certain côté. »

M. le chancelier dit qu'il ne pouvait qu'applaudir à l'intention dont était animé M. Clausel de Coussergues et à la manière dont il venait de la développer; mais que le projet sur lequel la commission était appelée à délibérer ne contenant rien de relatif à la liste civile, il ne pouvait pas mettre la proposition à la discussion avant que d'avoir pris les ordres du Roi. La commission passa au chapitre troisième de la Constitution, intitulé « De la Chambre des Pairs. »

Ce chapitre passa sans discussion depuis l'article 24 jusqu'à l'article 31. Ces articles constituent la pairie. Les esprits, dès longtemps, étaient préparés à cette institution. Des hommes éclairés étaient arrivés aux États-Généraux avec l'espoir d'en doter la France; la matière alors était admirablement disposée. Nous avions en réserve ces anciennes pairies ecclésiastiques, compagnes de la seconde race de nos Rois, et qui ne s'étaient pas éteintes avec elle. Les princes de la Maison de France, dotés de riches apanages, pouvaient reprendre et porter dignement les titres de Bourgogne, de Normandie, d'Aquitaine, de Flandres et de Toulouse. La nouvelle pairie, celle qui date du seizième siècle, n'était pas sans éclat : elle gardait un rang distingué à la cour et avait conservé le droit de séance au parlement. Les familles qui la possédaient y joignaient les plus grandes terres de France. La noblesse de cour, celle qui marchait après la pairie, était riche et accréditée, et quand la fortune allait manquer dans quelqu'une de ces familles, elle avait toujours sous la main un moyen de la reconquérir par des alliances avec les plus opulents d'entre les plébéiens. Enfin, le clergé était d'abord possesseur de propriétés immenses, et d'un grand crédit, et offrait dans ses premières classes des hommes savants, diserts et éminemment propres aux affaires. Il y avait là tout ce qu'il fallait pour constituer une Chambre des Pairs, rivale de celle d'Angleterre, aux souvenirs près. Trois obstacles s'y opposèrent : d'abord, la cour. Il était dès longtemps reçu à Versailles que nulle comparaison n'était à faire pour la grandeur et la puissance entre un Roi d'Angleterre et un Roi de France. Il y avait de la vérité dans cette opinion qu'avait affermie le rapprochement de ce qui s'était passé dans les deux pays durant le cours du dix-septième siècle; c'était donc déplaire souverainement au Roi et à la famille royale que de chercher à mettre en regard la constitution de la France de celle de l'Angleterre, et les moindres pas sur cette route étaient taxés de lèse-majesté. M. Necker, par exemple, était suspect de pencher vers la constitution anglaise, dont il avait à la vérité fait publiquement l'éloge; et ce motif tenait la première place entre ceux qui l'avaient rendu personnellement désagréable à Louis XVI. Mais les événements qui se succédèrent après la réunion des États-Généraux avertirent la cour qu'elle était en face d'une révolution et adoucirent ses répugnances. Ce fut alors que quelques bons esprits

dans les trois ordres essayèrent de faire adopter un chambre haute.
On signalait à leur tête l'évêque de Langres, La Luzerne; l'archevêque
de Bordeaux, de Cicé; MM. de Clermont-Tonnerre, Lally-Tollendal, Mou-
nier, Malouet; mais ils rencontrèrent deux sortes d'obstacles au sein
des États-Généraux, devenus assemblée nationale : les nobles de pro-
vince y étaient en grand nombre, et cette classe de la noblesse ne
pardonnait pas à celle de cour la supériorité que celle-ci affectait :
tel pauvre gentilhomme toisait, au fond de son castel, la généalogie
d'un seigneur de la cour sur la sienne, comparait ses ancêtres à ceux
d'un duc; et en fait d'ancienneté s'adjugeait, et souvent à bon droit,
la préférence. Il était reçu entre eux que tous les nobles étaient égaux
pour le rang, et que le prince le plus voisin du trône n'était que le
premier gentilhomme du royaume; cette prétention ou plutôt cette
opinion trouvait son fondement dans l'ancienne constitution de l'État.
Les nobles n'avaient jamais paru aux État-Généraux de leur droit; les
ducs et les princes mêmes n'y avaient pas de place marquée. Les
membres de l'ordre de la noblesse, comme ceux de l'ordre du tiers
état, y arrivaient par l'élection de leurs égaux ou de leurs pairs. De là
ce vieux et indomptable sentiment d'égalité contre lequel n'avaient
pu prévaloir ni les certificats de Chérin, ni l'ascension dans les car-
rosses, ni les cordons bleus ou rouges. Et qui voudrait y regarder de
près trouverait que ce que nous taxons de préjugés, ce que nous acca-
blons aujourd'hui de notre superbe, prend le plus souvent sa source
dans les mœurs de nos pères et les monuments de leur sagesse. Quoi
qu'il en soit, le projet d'une Chambre haute trouva, dans l'ordre de la
noblesse aux États-Généraux, autant d'ennemis prononcés qu'il s'y
trouvait de nobles qui n'avaient pas l'espoir de faire partie de cette
chambre, et qui ne voulaient à aucun prix voir s'élever en France
une noblesse supérieure à la leur. Pareil obstacle, et plus grand s'il
se peut, se rencontrait dans l'ordre du tiers état. Là s'exaltait chaque
jour la passion de l'égalité dont l'abbé Sieyès avait été le premier
apôtre; on y démolissait la noblesse pièce à pièce et avec une singulière émulation, en attendant le moment où, sur la motion d'un Mont-
morency, on essaierait d'en détruire jusqu'aux titres. Il fallut donc
renoncer à un projet de toutes parts combattu; on avait eu quelque
temps l'espoir de le reprendre, ou tout au moins de diviser le corps
législatif en deux Chambres, lors de la révision de la Constitution
de 1791. Mais le malheureux voyage de Varennes avait tellement
accru la force du parti contraire, que tout ce qu'on put faire fut de
lui arracher la personne du Roi, en sacrifiant la royauté. Survint l'assemblée législative, et alors se manifesta, et d'une terrible manière,
le danger d'une assemblée unique. On y cherchait de toutes parts le
remède : on ne le voyait que dans une révision nouvelle de la Consti-

tution avec une division du corps législatif en deux Chambres. Des ministres de cette époque, d'anciens membres de l'assemblée constituante, et quelques membres de l'assemblée législative se réunissaient secrètement dans ce dessein. Louis XVI ne l'avouait pas et semblait se retrancher, quelque chose qu'il pût lui en coûter, dans l'exécution sévère de la Constitution ; mais la Reine, plus prévoyante, et qui cherchait le salut partout ailleurs que dans l'émigration, ne restait pas étrangère à ce projet. Il fut déconcerté par la publicité : on donna à la réunion qui l'avait fourni le nom de *comité autrichien*, et on poursuivit ses membres avec un acharnement tel qu'aucun de ceux que l'on put saisir, tels que MM. de Lessart, Dutertre, Duport, Delaporte, Barnave, Chapelier, n'échappèrent à la mort. Enfin les horreurs de la Convention trouvèrent un terme : on demandait à grands cris à cette assemblée fameuse de finir par une constitution ; elle s'en occupa avec plus de succès qu'on n'osait l'espérer de ses antécédents. La constitution de l'an III divisa le corps législatif en deux sections, et quoiqu'il n'y eût entre le Conseil des Cinq-Cents et celui des Anciens que la différence de l'âge et la condition d'homme marié pour ce dernier Conseil, on s'aperçut assez promptement du bon effet de la division. Les lois, soumises à une double discussion et à une double délibération, retrouvèrent leur véritable caractère ; quelques-unes figurent encore avec honneur dans nos codes, et si des orages survinrent encore sous cette Constitution, il le faut attribuer moins à la manière dont le pouvoir législatif y était organisé qu'à l'imperfection du pouvoir exécutif et surtout à l'espèce d'hommes que l'on avait cru nécessaire d'y appeler. L'abbé Sieyès, dans la constitution de l'an VIII, changea tout, brouilla tout, fit un art à sa mode. C'eût été chose plaisante, si la plaisanterie était permise en semblable matière, que de contempler ce métaphysicien sauvage expliquant son système de constitution à l'aide des lignes qui sillonnaient la paume de sa main ; puis le jeu des différents pouvoirs par l'extension ou le déploiement de ses doigts ; que si on lui demandait une division par chapitres, par articles, quelque chose de plus substantiel enfin que les signes d'un prestidigitateur, le grand homme, de sourire de pitié et de hausser les épaules. Ces tours de passe-passe furent pourtant interprétés par la patience et la rare habileté de Daunou, en tribuns qui devaient toujours parler, en députés qui devaient toujours se taire, en grand électeur qui devait tout élire, et en sénat qui devait tout conserver. Heureusement un homme était là, qui d'abord combattit ce qui lui parut absurde ; il sentit bientôt qu'il était plus avisé de l'accepter, parce qu'il lui serait plus facile de s'en débarrasser. On eut l'air d'essayer de cette Constitution, mais Napoléon la démolit pièce par pièce, et ne laissa aux corps politiques, qu'il daigna conserver, que

leurs costumes, leurs traitements et le privilége de lui faire de temps
en temps de très humbles salutations. Le temps de ce maître magnifique ne compte pas dans l'histoire de nos institutions, mais seulement dans celle de nos victoires; dès que la France put respirer
du fracas de son règne et espérer de la liberté, les anciennes idées reparurent, fortes de tout le poids que leur conciliait la triste expérience
des idées contraires : tous les esprits s'accordèrent à chercher la garantie d'un bon gouvernement dans la division du corps législatif en
deux Chambres. On la trouvait dans la constitution présentée par le
Sénat. On ne faisait que changer le nom de *Sénat* en celui de *Chambre
des Pairs*, et cette seconde expression se raccordait mieux avec notre
histoire et avec, sinon les droits, au moins les prétentions des familles
qui se représentaient avec les titres des anciennes pairies.

J'ai ici un peu étendu mes observations, pour faire comprendre
comment fut délibéré sans contradiction un chapitre aussi important
que celui qui constitue la pairie. Un membre de la commission,
M. Félix Faulcon, exprima des doutes sur la facilité de rencontrer en
France, dans l'état où elle se trouvait aujourd'hui, un nombre suffisant
de familles dotées de tout ce qu'il fallait pour soutenir dignement une
pairie héréditaire. Je répondis que l'on pouvait prévoir que le Roi
nommerait d'abord les pairs à vie et ne conférerait l'hérédité qu'avec
mesure, et lorsque Sa Majesté se serait assurée que la famille qu'elle
rapprochait ainsi du trône possédait les conditions nécessaires pour
recevoir et transmettre dignement ce dépôt d'une portion de la souveraineté. M. de Sémouville demanda alors la parole pour proposer un
article additionnel conçu en ces termes : « Les princes ne peuvent
» prendre séance à la Chambre que de l'ordre du Roi, exprimé pour
» chaque session par un message, à peine de nullité de tout ce qui au-
» rait été fait en leur présence. » Le gouvernement, dont le Roi a
permis que nous discutions les bases, dit M. de Sémonville, admettra
nécessairement des partis; mais pour que ces partis ne puissent jamais
se changer en factions, il faut mettre dans la main du Roi des moyens
de l'empêcher. Notre histoire nous apprend que, depuis le quatorzième
siècle jusqu'à la fin du dix-huitième, la présence des princes du sang
aux affaires a été, dans les temps de trouble ou de minorité, de l'influence la plus dangereuse, et qu'elle a mis plus d'une fois l'Etat à
deux doigts de sa perte. La France se trouve, par ses précédents, dans
des conditions telles que ce n'est qu'avec précaution qu'il faut approcher les princes du sang du gouvernement représentatif, et le meilleur
moyen consiste à rendre le Roi l'arbitre de la part qu'ils y devront
prendre. Il la leur laissera entière lorsque l'Etat, marchant librement
sur ce sol nouveau, les Chambres ne seront occupées qu'à fonder dans
le calme les sources de la prospérité publique. Alors, les princes du

sang viendront presser sur nos délibérations de tout le poids de leur position élevée ; mais si de nouveaux orages nous attendaient dans l'avenir, il faut que le Roi puisse en mettre les princes à l'écart, dans l'intérêt de l'Etat et dans leur propre intérêt. Difficilement, en effet, pourrait-on citer un prince français à qui ait réussi l'esprit de faction et de révolte ; et cependant, ici comme ailleurs, l'exemple a peu converti, puisque le vertueux Louis XII lui-même eut à se faire pardonner les fautes du duc d'Orléans. C'est un véritable service à rendre à ces princes que de les placer dans une position où ils soient l'espoir perpétuel du trône et ne puissent jamais devenir pour lui des sujets d'inquiétude ou de danger.

M. le chancelier a dit que l'article proposé par M. de Sémonville étant une addition au projet approuvé par le Roi, il ne pouvait en permettre la discussion qu'après avoir pris les ordres de Sa Majesté, et d'autant mieux que le sujet de l'article intéressait la famille royale en particulier.

Au début de la troisième séance, M. le chancelier a annoncé à la commission qu'il avait mis sous les yeux du Roi les deux articles additionnels proposés, l'un par M. Clausel de Coussergues, relatif à la liste civile : et l'autre par M. de Sémonville, sur la présence des princes à la Chambre des Pairs ; et que Sa Majesté permettait que ces deux articles fussent mis en délibération. M. Clausel de Coussergues relut l'article sur la liste civile, qui fut adopté à l'unanimité. Il n'en fut pas tout à fait de même de celui proposé par M. de Sémonville.

« Cet article, dit M. Boissy-d'Anglas, est d'une haute importance ; si on l'accepte comme il est présenté, il rend le sort des princes du sang moindre que celui des simples pairs ; car, je le demande, qui demanderait à être pair, qui consentirait même à le devenir à la condition de ne paraître à la Chambre que si la couronne le voulait bien et autant de temps qu'elle le voudrait bien ? Une pareille condition écarterait d'un pair toute idée d'indépendance, et rendrait sa présence à la Chambre inutile à la chose publique et insupportable à lui-même. Cependant, l'intention du projet qui nous est présenté n'est pas de ravaler à ce degré les princes du sang ; elle est au contraire et manifestement de les élever, puisqu'elle les déclare pairs par le seul droit de leur naissance, et les fait siéger à la Chambre à la tête de tous les autres ; et les raisons de cette préférence ressortent de tous nos documents historiques. A l'origine de la troisième race, des princes seuls étaient les pairs laïques du royaume ; à mesure que leurs principautés vinrent se confondre dans les domaines de la couronne, ils furent remplacés à la pairie par des princes du sang, et il faut descendre jusqu'au seizième siècle pour trouver un pair créé hors de la maison royale. Ces souvenirs, j'en conviens, ne sont pas des droits ; cependant ils ne sont

point à dédaigner s'ils peuvent jeter quelque lumière sur le sujet de
la délibération, et il ne faut pas non plus les contrarier quand il s'agit
d'une institution qui, comme la pairie, demande son appui au temps.
Oui, des princes du sang se sont montrés souvent turbulents et quelquefois même factieux; n'est-il pas juste de faire sa part à chaque
époque? Dans les temps anciens, rien n'était fixe dans la constitution
de l'Etat; durant certains intervalles, les lois étaient sans frein, tout
ordre avait disparu, et la force était le seul moyen d'obtenir le redres-
sement de griefs plausibles ou fondés; il n'est pas étonnant que les
princes de la Maison royale se soient trouvés, par la hauteur de leur
position, les représentants du mécontentement public et se soient
égarés dans ces voies; rien de tel n'est à redouter dans l'avenir,
et puisque c'est dans les Chambres que viendront désormais et régulièrement aboutir les grands intérêts de l'Etat, je ne vois pas quelle
défiance pourrait inspirer la présence des princes du sang dans la
Chambre des Pairs, où ils n'auront d'autre influence à exercer que
celle où réside aujourd'hui la véritable force, c'est-à-dire celle des
talents et des vertus. »

L'opinion de M. Boissy-d'Anglas avait fait impression sur la commission; deux membres l'avaient successivement appuyée (MM. Duhamel et Chabaud de Latour), et, en ajoutant de nouveaux développe-
ments à ceux qui venaient d'être donnés, il avait été remontré que
l'article n'avait pas été dans le principe adopté par le Roi, qui était
cependant le meilleur juge de la part que devaient prendre dans la
Constitution les membres de sa famille; que si Sa Majesté avait bien
voulu en permettre la discussion, c'était de sa part un nouveau témoignage de confiance que la commission ne pouvait mieux reconnaîtr
qu'en s'abstenant de délibérer sur l'article et en le soumettant entièrement à la sagesse de Sa Majesté. M. de Sémonville reprit la parole
pour défendre sa proposition. « Je conviens, disait-il, que le gouvernement représentatif promet à la France plus de stabilité et des temps
plus calmes que ceux où les princes du sang jouèrent des rôles si
dangereux à l'Etat; mais nous serons et pour quelque temps encore à
l'essai de ce gouvernement. S'établira-t-il dans la paix et avec facilité?
Nous avons beaucoup de peine à le croire; à vrai dire, ces raisons
ne sont encore que des espérances, et jusqu'à ce qu'elles soient
pleinement réalisées, la distance sera courte, et la pente facile du
parti à la faction. La commission a rendu justice au sentiment des
convenances qui m'a empêché de chercher des exemples plus près de
nous; elle sent qu'il m'eût été facile de prouver que le gouvernement représentatif, lorsqu'il n'est qu'à son essai, est loin d'être un
préservatif des dangers que je redoute. C'est toujours au passé qu'en
de telles matières je demande des leçons. La guerre de la Fronde n'eût

jamais été portée jusqu'au combat de Saint-Antoine, si les princes du sang n'avaient pas exalté la résistance par leur présence au Parlement. Dans le siècle suivant, leur présence et l'ascendant d'éloquence de l'un d'eux contribuèrent à faire aboutir ce qui n'était dans l'origine qu'une question de compétence, à une catastrophe qui ruina le Parlement même et ébranla la monarchie. Je me renferme dans le même silence sur des époques plus modernes. La commission l'entendra et ne sera pas étonnée si encore tout ému de mes souvenirs je persiste fortement dans ma proposition. » La commission fut partagée en allant aux voix ; mais la majorité vota pour la proposition, qui devint l'article 34 de la constitution, et on passa au chapitre suivant, intitulé : *De la Chambre des Députés.*

Le premier article, qui porte que la Chambre des Députés sera composée des députés élus par les colléges électoraux, dont l'organisation sera déterminée par les lois, donna lieu à quelque discussion. M. l'abbé de Montesquiou développa un système d'élection un peu éloigné de celui que présentait le projet du gouvernement ; il pria la commission d'examiner s'il ne serait pas préférable d'attribuer la nomination des députés au Roi, qui l'exercerait à peu près dans les mêmes formes que le sénat le fait aujourd'hui. « Le Roi est, sans nul doute, le plus intéressé à une bonne composition de la Chambre des Députés. On peut donc se rassurer sur son intérêt de la bonté des choix. Craindra-t-on qu'ils ne tombent sur des courtisans ou des ennemis des libertés publiques? Le Roi ne le pourrait pas alors même qu'il le voudrait. Trafiquer de sa conscience n'est pas en France chose aussi commune qu'on le voudrait dire, et l'opinion publique ne cessera pas d'y imposer également au monarque et aux sujets. Rappelez-vous l'assemblée des notables : à en lire la liste, on jugeait que le Roi avait borné ses choix à des courtisans intimes, à des administrateurs qui lui devaient leur état, à des magistrats qu'il avait élevés dans leur ordre aux premiers degrés de la puissance et du crédit ; et cependant on vit se former dans cette réunion, qui n'avait d'autre titre que la confiance royale, une opposition qui culbuta le ministère qui lui avait donné naissance et alla contre le but qu'on s'était proposé. Et certes la différence est grande entre une assemblée, en quelque sorte confidentielle, et une Chambre des Députés qui aura des droits reconnus, et discutant les intérêts de l'Etat, sous la double influence de la publicité des séances et de la liberté de la Presse. Rassurons-nous, Messieurs, dès qu'il y aura dix Français réunis pour s'occuper d'affaires publiques, nous ne manquerons pas d'opposition. »

M. Boissy-d'Anglas combat la proposition. Il ne croit pas qu'elle résiste au plus simple examen. « Le Roi, dans le système nouveau, nomme, a-t-il dit, la Chambre des Pairs. Ce droit éminent ne peut en effet se rattacher qu'à la couronne. S'il nomme encore la Chambre des Députés, nous ne sommes plus dans un système représentatif, mais dans un système de commissions royales. Je ne vois plus ici que l'autorité d'un seul enveloppée de formes et de mots destinés à en imposer, et dont, au bout du compte, il vaudrait mieux faire l'économie. L'assemblée des notables ne peut en rien faire autorité, et s'éleverait plutôt contre la proposition de M. de Montesquiou. Cette assemblée n'a été autre chose qu'un foyer d'intrigues aristocratiques. Elle a fait, comme on devait s'y attendre, renvoyer le ministre qui l'avait convoquée, parce que celui-ci ne trouvait plus de ressources que dans l'assujétissement des corps privilégiés à la contribution territoriale ; et une fois débarrassée de ce ministre, qui eut souvent tort, mais qui avait raison cette fois là, l'assemblée des notables s'opposa à des améliorations utiles et augmenta l'embarras qu'elle devait faire cesser. Il pourrait bien, sauf les grands changements survenus depuis en France, en être de même d'une Chambre des Députés nommée par le Roi.

M. Pastoret combat également la proposition, il nie l'identité qu'on voudrait établir entre l'assemblée des notables nommée directement par le Roi sur la proposition de son ministre, et la nomination des membres de la Chambre des Députés que le Roi, substitué au sénat, ne devrait faire qu'entre des candidats nommés par des assemblées de canton ou d'arrondissement ; mais il pense que même avec cette précaution l'intervention royale ne serait pas ici sans danger. Ce serait, à vrai dire, un système tout nouveau qu'il s'agirait de discuter, et auquel, s'il était adopté, il faudrait raccorder les diverses dispositions qui ont déjà été délibérées ; il croit que le système qui se présente le plus naturellement, consiste à admettre une première assemblée ou une assemblée d'arrondissement, laquelle présenterait des candidats à une seconde assemblée, ou une assemblée de département qui nommerait les députés ; il ne s'agirait plus que de convenir des titres qui donneraient accès dans l'une et dans l'autre assemblée.

M. Clausel de Coussergues croit qu'il serait facile de prendre dès à présent un parti à ce sujet ; il propose de composer la première assemblée des trois cents plus fort imposés de l'arrondissement, et la seconde des trois cents plus fort imposés du département ; il prétend que la nomination des membres de la Chambre des Députés est l'affaire de la propriété ; il développe toutes les garanties qu'on y peut puiser, et soutient que vainement on en chercherait ailleurs.

M. Barbé-Marbois dit qu'on pourrait arriver au même but par un moyen plus simple encore, celui d'attribuer aux assemblées de canton la confection d'une liste de candidats entre lesquels l'assemblée de département nommera les députés.

M. Garnier reprend la proposition de M. Pastoret comme la plus facile, et celle qui se rapproche davantage des formes d'élection admises jusqu'à présent en France; il dit que les formes d'élection sont toutes plus ou moins périlleuses; que c'est seulement en les pratiquant qu'on en peut apprécier le mérite, et que s'il se trouve des précédents qui éclairent la question, il faut s'y attacher dans la crainte d'imaginer plus mal.

M. Blanquart de Bailleul croit qu'il résulte de la discussion l'évidente nécessité de faire entrer dans l'acte constitutionnel les bases principales du système électoral.

Je répondis que ces bases étaient préparées par la fixation de l'âge des électeurs et des éligibles, et de la somme des contributions que les uns et les autres devraient payer ; mais que les commissaires du Roi ne refusaient pas d'examiner s'il ne conviendrait pas de supplier Sa Majesté de déterminer avec plus de détails les formes principales d'élection ; et en sortant de la séance mes collègues me chargèrent de l'examen de ce qu'il y avait à faire.

Le reste du chapitre éprouva dans la discussion peu de difficultés sérieuses, parce qu'il ne faisait que sanctionner ce qui existait; ainsi l'article 36 passa sans discussion; elle commença à l'article 37 qui porte : « que les députés seront élus pour cinq ans, et de manière que la Chambre soit renouvelée chaque année par cinquième. » M. Garnier fit remarquer que ce renouvellement par cinquième était une nouveauté qui pouvait se concilier avec le système qui venait de disparaître, mais dont il n'apercevait pas clairement les rapports avec le système nouveau. La durée totale des fonctions est fort limitée; si d'ici à la première révolution de cinq ans elle n'est, pour les trois cinquièmes de la Chambre, que d'un, de deux, ou de trois ans, il est difficile que, dans d'aussi courts intervalles, les députés prennent une véritable connaissance des affaires, surtout en ce qui touche les recettes et les dépenses de l'Etat. Les ministres eux-mêmes ne pourront pas adopter une marche constante, parce qu'ils auraient besoin, pour cela, d'une majorité dans la Chambre qui, une fois faite, ne les abandonnât plus tant qu'ils persévéreraient dans leur système; mais ils perdent toute assurance et toute vue d'avenir si cette majorité peut se morceler tous les ans et introduire dans la Chambre assez de députés nouveaux pour contrarier le système suivi, et pas assez pour lui en substituer un autre. On ne trouve, dans une pareille combinaison, qu'une occasion d'incertitude, de faiblesse et de tiraillements pour le ministère, et pour la Chambre elle-même ; je ne vois donc là aucun avantage, et par conséquent aucune compensation à l'inconvénient grave d'agiter tous les ans la France par des élections. Le moment de ces élections est toujours un moment de crise dans un gouvernement représentatif; s'il a ses avantages il a aussi ses dangers, et il faut se garder d'en faire l'état habituel de la France. Dans mon opinion, le renouvellement devrait être fait en totalité après cinq ans; je répète même que cette durée d'une Chambre me semble trop limitée, et qu'elle devrait être portée jusqu'à sept ans.

» Je ne crois pas, répondit M. Lainé, que le renouvellement par cinquième, et chaque année, soit aussi dépourvu d'avantage qu'il le paraît au préopinant. Je conviens avec lui que, dans l'espèce de gouvernement dont nous discutons les bases, le moment des élections est un moment de crise, et que l'intensité de cette crise se mesure sur le caractère d'un peuple ou les passions actuelles qui l'agitent. On m'accordera aussi qu'il y a au fond du caractère français une vivacité généreuse qui le porte aux grandes choses, mais peut aussi l'égarer, et c'est pour lui qu'il faudrait l'imaginer, s'il ne l'était pas, ce mode de renouvellement partiel qui prévient la commotion des élections générales. Ces élections partielles rappellent il est vrai, chaque année, quelque agitation dans le corps social; mais c'est une agitation douce qui l'avertit de son existence et ne peut pas le troubler. Je ne sais pas si nous arriverons, et même si nous pouvons arriver à cette combinaison, dès longtemps éprouvée dans un pays voisin, d'un cabinet avec une majorité dans les Chambres, et où le gouvernement reçoit toute son action de cette combinaison; il faut peut-être, et au début, nous contenter de former ce vœu que le gouvernement rende à l'opinion publique l'hommage qui lui appartient, et tende toujours à marcher d'accord avec elle. Par l'élection, telle qu'elle nous est proposée, l'opinion a un moyen légal de se manifester chaque année. Si malgré ce qu'elle a de réel, ce qu'elle a de juste, elle ne prévaut pas une première fois, elle ajoute, l'année suivante, un second témoignage au premier, et elle finit par triompher, mais par des moyens successifs et doux, bien préférables dans mon opinion à ces commotions violentes qui peuvent atteindre plus promptement au but, mais courent toujours le risque de le dépasser; et s'il était permis de faire succéder des considérations momentanées à celles qui dominent tous les temps, j'oserais ajouter que la France est intéressée à conserver la Chambre existante, et à perpétuer l'excellent esprit qui l'anime, dans les cinq séries qui seront successivement appelées pour la remplacer. Cette Chambre n'a pas cessé de cultiver sous des temps difficiles l'amour de la patrie et les nobles sentiments qu'il inspire; sa voix n'a pas manqué à la France dès qu'elle a rencontré une issue pour se faire entendre, et parce qu'elle a souffert et osé sous d'autres temps, elle a mérité de montrer tout ce dont elle est capable sous l'empire des lois et de la liberté. »

L'opinion de M. Lainé a entraîné la délibération, et l'article a été adopté. La commission a passé aux articles 38 et 40, qui soumettent l'éligibilité à la Chambre à un cens de 100 francs de contribution foncière, et le suffrage des électeurs à un cens de 300 francs. Ces deux articles ont été attaqués dans leur disposition générale par M. Félix Faulcon : « Jamais, a-t-il dit, dans les diverses Constitutions qui se sont succédées depuis 1789, on ne conçut l'idée d'un cens aussi élevé. A-t-on bien réfléchi au nombre et à l'espèce d'hommes que l'on va éloigner de la Chambre des Députés, qui est cependant le plus noble sujet d'émulation qu'on puisse offrir aux Français? Vous venez de délibérer sur une Chambre des Pairs destinée à recevoir les notabilités de la France en services, en naissance, en fortune; si vous exigez encore cette dernière condition pour la Chambre des Députés, vous allez fonder un gouvernement aristocratique, dont vont se trouver exclus une foule d'hommes de bien, d'honnêtes fonctionnaires qui, depuis trente ans, ont donné tout leur temps à la chose publique, sans poursuivre d'autre salaire que le sentiment du bien qu'ils ont fait et la reconnaissance de leurs concitoyens; et moi-même je ne crains pas de me produire en exemple. Membre de l'assemblée constituante, je n'ai pas cessé, depuis lors, de donner mon temps à mon pays, tant que j'ai pu le faire avec honneur. Je me trouve président du corps législatif, et parce que quelques souvenirs honorables et une pauvreté noble sont tout ce qui me reste, je ne suis plus éligible. Je juge, par la douleur que je ressens, de celle que vont éprouver ceux qui me ressemblent. »

Personne ne prenait la parole pour réfuter M. Félix Faulcon, parce que tout en concevant ses regrets, personne ne partageait son opinion, c'était donc à moi que revenait le devoir de le consoler plutôt que de le réfuter : il ne me fut pas malaisé d'établir, ce dont la commission était bien convaincue, que le maintien de la propriété était le but essentiel de la société, d'où naissait la nécessité de n'appeler que les propriétaires pour en régler les premiers intérêts. Il ne restait qu'à examiner quelle était la propriété suffisante pour garantir la capacité et l'intérêt de ceux qui seraient appelés. J'essayai de prouver que dans la position sociale de la France, la condition de payer trois cents francs de contributions pour obtenir la qualité d'électeur, et mille francs pour obtenir celle d'éligible, n'avait rien d'exorbitant. On pouvait soutenir avec plus d'avantage qu'elle est insuffisante dans le moment présent, et doit chaque jour diminuer dans l'avenir par l'accroissement des capitaux, la multiplication des signes représentatifs des valeurs, et la diminution relative du prix des métaux d'or et d'argent; pourquoi il eût peut-être été préférable de réduire la condition en une quantité déterminée d'une denrée, telle que le blé, à l'exprimer en une somme d'argent. Sans doute, cette condition pouvait écarter de la Chambre des Députés un homme qui l'eût éclairée de

son génie ou honorée par ses vertus, mais telle est l'imperfection nécessaire des lois générales, qu'il est rare qu'en stipulant l'intérêt du
plus grand nombre, elles ne blessent pas quelques intérêts particuliers; et quelle que soit l'utilité dont serait un homme de génie dans
la Chambre des Députés, elle ne saurait balancer, généralement
parlant, le danger d'en ouvrir la porte à d'autres qu'à des propriétaires qui offrent les garanties imposées par la loi. Mais, enfin, si la
carrière de la Chambre des Députés est, sans nulle comparaison, la
plus glorieuse qu'un citoyen puisse courir dans l'ordre civil, elle n'est
pas la seule; il y reste encore des fonctions honorables qui ne sont
point au-dessous d'un mérite reconnu, et qui peuvent servir d'aliment
à de nobles vertus. Le gouvernement a trop d'intérêt à s'entourer de
sujets expérimentés pour qu'il ne donne pas la préférence à ceux qui,
depuis 1789, se sont dévoués à la chose publique pendant tout le
temps qu'on a pu le faire avec honneur, et leur défaut de fortune sera,
sans contredit, un titre de plus à ses yeux. M. Félix Faulcon n'a plus
insisté sur ses observations, mais on put s'apercevoir un instant après
qu'elles n'avaient pas été sans produire quelqu'effet.

Les articles 38 et 39, en dénommant la contribution qui devait
constituer l'électeur ou l'éligible, avaient employé le mot contribution
foncière; on en demanda l'explication, encore qu'il fût fort clair.
M. Ferrand répondit qu'il fallait entendre la contribution payée pour
la propriété d'un immeuble réel et comprise à ce titre au rôle réservé
à la contribution foncière. La commission parut d'abord satisfaite de
l'explication : l'article allait passer, quand M. Chabaud-Latour demanda s'il n'était pas convenable d'ajouter, à la contribution foncière,
la contribution personnelle et mobilière; rien ne serait si facile à
exprimer, il s'agirait seulement de substituer au mot *foncière* celui
directe. Je fis alors observer que la substitution serait plus grave qu'il
ne paraissait, parce qu'on devait entendre par *directe* toute contribution
qui passait directement de la main d'un citoyen imposé en celle du
percepteur. Or, je craignais qu'il ne se rencontrât dans les contributions actuellement existantes autres que celles foncière, personnelle et
mobilière, quelques branches des recettes publiques auxquelles la
définition que je venais de donner paraîtrait applicable; je citai la
portion de l'impôt sur les boissons acquittée par le propriétaire.
M. Garnier me réfuta et me fit voir que l'impôt sur les boissons
était, comme celui des douanes, un impôt à la consommation,
rangé avec toute raison entre les contributions indirectes, et qu'il
fallait même en dire autant du droit d'enregistrement et de celui
de succession, parce que tous ces impôts n'étaient payés qu'ac-
cidentellement, qu'indirectement, pour ainsi dire, puisqu'ils n'é-
taient point assis sur des rôles périodiques et renouvelés à des

époques fixes ; il appuya, au reste, la proposition d'ajouter les contributions personnelles et mobilières à la contribution foncière pour composer le cens d'éligibilité. Je répondis que c'était affaiblir considérablement la portée du principe, et qu'il était prudent d'en prévoir toutes les conséquences. M. Duhamel reprit : « que le principe ne serait pas à beaucoup près modifié autant que je le redoutais. Les contributions personnelle et mobilière ne s'élevaient, pour toute la France, qu'au sixième de la contribution foncière. La majeure partie en était payée, dans les grandes villes, par des propriétaires, et dans les campagnes par des chefs de manufactures, déjà imposés pour sommes plus fortes aux rôles de l'impôt foncier ; ce qui en restait et pesait sur le reste des contribuables, était peu sensible, et n'ajouterait qu'un faible supplément à la contribution foncière. On peut donc adopter l'addition sans craindre de prendre ailleurs que dans la contribution foncière la garantie demandée, avec tant de raison, à ceux qui doivent élire ou être élus pour la Chambre des Députés. «M. Félix Faulcon appuya ces observations, et le changement du mot *foncière* en celui de *directe*, fut adopté ; mais, chose singulière ! l'idée de l'impôt des patentes ne se présenta à la pensée de personne ; le mot même n'en fut pas prononcé, et j'ai lieu de croire que s'il en eût été question, si on eût pu prévoir que cet impôt dût être rangé entre les contributions *directes*, cette dernière dénomination n'eût pas été adoptée, et qu'on s'en serait tenu à celle primitive de *foncière* ; ce n'est pas que je fusse sans souci du changement, mais M. l'abbé de Montesquiou et M. le chancelier gardaient le silence et semblaient par là se ranger à l'opinion dominante dans la commission, et M. Ferrand n'en était pas lui-même éloigné. J'eus le tort, dont je me suis bien repenti depuis, de n'avoir pas insisté fortement sur mon opinion et demandé que du moins le changement fût soumis au Roi : certes, il en valait bien la peine ; mais notre prévoyance à tous était si courte ! nous pétrissions à loisir des matières inflammables, et nous placions à côté, sans nous en douter, un foyer d'étincelles.

Le reste du chapitre fournit peu de matière à la discussion. On fut quelque temps arrêté sur l'article 44, relatif à la publicité des séances de la Chambre des Députés. La Constitution préparée par le sénat portait que les séances de la Chambre élective étaient publiques, sauf les cas où elle jugeait à propos de se former en comité secret. La disposition portée en ces termes rendait indispensable une délibération de la Chambre pour se former en comité secret, et on savait par expérience qu'il était difficile d'amener la majorité à punir les tribunes en les congédiant, ou à leur témoigner publiquement sa défiance. Cependant le souvenir des excès dont les spectateurs s'étaient rendus coupables envers nos diverses assemblées était encore vivant, et la commission était toute disposée à préparer un frein sévère à ces excès : on voulait que la demande de trois ou même de deux membres suffît pour faire vider les tribunes, et à ce sujet on cita l'exemple de l'Angleterre où alors la réclamation d'un seul membre était suffisante; mais on répondit avec raison qu'en Angleterre le secret des délibérations était de droit dans les deux Chambres, tandis qu'en France c'était la publicité, et qu'il fallait prendre plus de précautions lorsqu'il s'agissait de suspendre l'exécution d'une loi que lorsqu'il s'agissait de la réclamer, et le nombre de députés nécessaire pour obliger la Chambre à se former en comité secret resta fixé à cinq. Des explications furent aussi demandées sur le partage de la Chambre en bureaux pour discuter les projets de lois qui seraient présentés de la part du Roi. M. l'abbé de Montesquiou expliqua les avantages de ce partage qui appelait chacun des membres de la Chambre à se pénétrer de l'esprit et de l'étendue d'une loi, avant de passer à la discussion publique réservée à quelques orateurs seulement. On s'était bien trouvé de cette forme dans les premiers temps de l'assemblée constituante, et peut-être ses travaux eussent-ils été moins imparfaits si on l'eût conservée. On lui substitua des comités à chacun desquels on assigna une matière qui lui était propre, et il en est résulté que chaque comité a exercé sur cette matière un empire absolu contre lequel luttait vainement l'assemblée générale. Ce système de comités tend si puissamment à y concentrer l'autorité de l'assemblée entière, qu'on a vu ceux de salut public et de sûreté générale de la Convention faire trembler jusqu'à cette terrible assemblée. C'est pour écarter à tout jamais le danger d'une semblable distribution qu'il a paru nécessaire de concilier l'autorité d'une disposition constitutionnelle à celle qui prescrit le partage de la Chambre des Députés en bureaux pour discuter les projets qui doivent lui être présentés.

On a passé ensuite à la discussion de l'article 46, qui porte qu'aucun amendement ne peut être fait à une loi, s'il n'a été proposé ou consenti par le Roi, et s'il n'a été renvoyé et discuté dans les bureaux.

M. Ferrand a fait remarquer à la commission que cet article était le complément nécessaire ou plutôt une sorte de répétition de l'article 16 de la Constitution, qui porte que le Roi propose la loi. L'initiative que le Roi entend se réserver entière ne serait pas moins blessée par des changements apportés à une loi proposée que par la proposition d'une loi nouvelle. On peut en effet, à la faveur d'amendements, corrompre l'esprit d'une loi, la dénaturer et la rendre méconnaissable; c'est ce que l'article proposé a pour but de prévenir dans tous les cas. Il en est un en particulier sur lequel l'exemple d'un pays voisin doit nous tenir avertis; c'est celui qu'a longtemps donné la Chambre des Communes d'Angleterre qui ne manquait pas de joindre au bill des subsides quelques dispositions législatives qu'elles n'eussent point obtenues de la Chambre des Pairs ou du Roi, si elles les eussent présentées à part. Pour ce cas, comme pour tout autre, il doit être entendu que si le Roi propose un amendement à une loi déjà présentée de sa part, c'est un acte nouveau de l'initiative qui sera renvoyé et discuté dans les bureaux avant que la Chambre s'en occupe en assemblée générale, et que si c'est dans la Chambre que l'amendement prend naissance, il doit être reporté au Roi pour qu'il le consente; que ce consentement n'est toujours qu'un acte de l'initiative qui exige, pour que la Chambre prononce, d'être de nouveau discuté dans les bureaux. M. Garnier fait observer que ces allées et venues seront longues et fatigantes dans plusieurs cas, quand il ne s'agira, par exemple, que de relever une faute de rédaction, de réparer une omission, d'éclaircir quelques passages qui laisseraient des doutes, et qu'il faudrait pour ces cas chercher à établir des rapports plus prompts entre le conseil du Roi et la Chambre. Je lui réponds qu'il serait trop difficile de distinguer la matière et les circonstances où un amendement aurait de la gravité, de celles où il cesserait d'en avoir, pour les régler par des législations différentes, et que le plus sûr est de se confier dans une disposition générale qui perdra dans la pratique ce qu'elle offre d'embarrassant en théorie. Si des amendements tendent à perfectionner une loi, ils deviendront entre la Chambre et les ministres le sujet de communications officieuses, et ceux-ci ne refuseront pas de demander au Roi de les revêtir de l'initiative. Peut-être la commission trouvera-t-elle qu'il vaut mieux se confier à cette intelligence que de se rattacher sur des dispositions dont il faut entrevoir l'importance dans l'avenir. L'article 46 reçut un assentiment général. Les articles 47, 48 et 49 passèrent sans difficulté, parce qu'ils sont l'expression de ce vieux droit des Français de ne payer d'impôts que ceux qu'ils ont librement consentis; et à ce sujet, je veux remarquer qu'en dépit de ce qu'on a dit du caractère français et de son entraînement aux nouveautés, celles que nous avons voulu introduire ont toute sorte de peine à s'implanter, tandis que Roi, peuple, magistrats, s'entendent à l'instant sur des points de notre ancien droit public et sur nos bonnes vieilles maximes. Pourquoi il sera éternellement regrettable que l'assemblée constituante n'ait pas bâti dessus son édifice au lieu de nous livrer pieds et poings liés à des essais sur l'espèce humaine qui n'ont encore produit que des crimes ou des ruines.

M. de Sémonville proposa un article additionnel à ce chapitre, qui était conçu en ces termes : « Toute pétition à l'une ou l'autre des » Chambres ne peut être faite et présentée que par écrit; la loi interdit » d'en apporter en personne et à la barre. » « Je respecte, dit M. de Sémonville, le droit de pétition; mais on en a fait en France un abus effroyable et qui avait pendant un temps passé en habitude. Il n'est pas besoin de vous peindre ces ramas périodiques de brigands, qui sous le prétexte d'apporter des pétitions à la Chambre, venaient la menacer de leurs fureurs et même en exercer des actes dans son sein. Nous en avons tous été effrayés. Je me trompe : un membre de cette commission ne le fut pas lorsqu'on le somma d'un acte de faiblesse par la tête de l'un de ses collègues que l'on agitait sanglante sous ses yeux ; mais comme les grands courages sont rares, il serait peu sûr de se confier sur eux du soin de conjurer les dangers ; il vaut mieux les prévenir ; et tel est l'objet de l'article additionnel que je propose. »

M. Boissy-d'Anglas, à l'intrépidité de qui M. de Sémonville venait de faire une allusion généralement applaudie, se chargea de lui répondre : il ne contestait pas les dangers qui s'étaient, pendant un temps, attachés à l'exercice du droit de pétition ; mais suffisaient-ils pour annuler un droit tenu jusque-là pour sacré, et sans le libre exercice duquel il manquerait un ressort essentiel au gouvernement représentatif. Cependant, à quoi ce droit sera-t-il réduit, si on adopte l'article proposé par M. de Sémonville ? à l'envoi d'un paquet écrit ; mais ce paquet sera-t-il fidèlement transmis et conservé ? deviendra-t-il le sujet d'un examen désintéressé ? cet examen se fera-t-il en son temps sans acception de personnes ou de partis ? Ici l'abus peut se glisser partout, car on ne voit plus de publicité nulle part. Cependant, et si le droit de pétition est surtout d'un grand intérêt public, c'est lorsque par son exercice on peut jeter inopinément la lumière sur les abus du pouvoir, sur les intrigues des partis, sur leurs secrètes injustices, lorsque l'homme pauvre, malheureux et de partout délaissé, vient à la face du ciel demander justice des puissants de la terre. Obtiendra-t-on de tels résultats par le simple envoi d'une feuille de papier si aisée à faire disparaître ? Cela est fort douteux. Plutôt que d'adopter l'article proposé, il vaudrait mieux rechercher par quelles formes la présentation des pétitions serait renfermée dans le respect de l'ordre public et de l'autorité où elle s'adresse, ou plutôt se confier dans les réglements de police intérieure que les Chambres auront à se donner et où cet article trouvera naturellement sa place.

Quelques membres de la commission, tout en rendant justice à ce que l'opinion de M. Boissy-d'Anglas avait de noblement désintéressé, appuyent la proposition. M. le chancelier allait la mettre aux voix, lorsque je fais observer que l'article est additionnel, et qu'il a besoin d'être préalablement soumis à l'approbation ; et la commission passe au cinquième chapitre, à celui qui est intitulé *Des Ministres*.

Les articles 54 et 55 passèrent sans observations. Il en fut fait sur l'article 56 qui porte que « les ministres ne peuvent être accusés que » pour fait de trahison ou de concussion. » On aurait désiré quelque chose de plus explicite : si par concussion il fallait entendre seulement une levée d'impôt ou une contribution non établie par la loi, le délit sera bien rare dans l'avenir, parce qu'il s'y rencontrera trop de difficultés; et quant à la trahison, l'acception à donner à ce mot est susceptible d'être fort restreinte, comme d'être fort étendue. Il serait donc à désirer que l'on fixât les idées d'une manière plus précise sur ce qui établirait contre un ministre le crime de trahison.

M. l'abbé de Montesquiou a répondu que si les définitions et les détails insérés dans les lois ont en général des dangers, on le peut dire avec bien plus de raison d'un acte constitutionnel qui ne fait que poser des principes généraux et tracer à la législature la voie où elle devra marcher; que c'est là ce qu'on s'est essentiellement proposé par l'acte en discussion, et qu'il ne faut pas être surpris si l'article qui prévoit l'accusation des ministres est conçu en des termes aussi généraux que les autres. Il est cependant aisé de concevoir qu'au mot de *trahison* viennent se rattacher tous les actes où l'intérêt de l'Etat serait sacrifié sciemment à des intérêts particuliers ou étrangers; et la *concussion* s'entend de toutes sommes de deniers dont un ministre ferait par lui-même, autoriserait ou tolérerait la perception au-delà des limites fixées par les lois. Dût l'article rester tel qu'il est, la Cour des Pairs ne serait pas embarrassée pour en faire l'application; mais il va plus loin : il porte que des lois particulières spécifieront la nature des délits de trahison ou de concussion, et en détermineront la poursuite. Voilà ce qui complètera la législation en cette grave matière, et il semble qu'on ne pouvait guère rédiger l'article d'une manière plus rationnelle, puisqu'il pourvoit à la rigueur aux besoins du présent, et promet pour l'avenir une législation plus explicite, mais qui ne pouvait pas trouver dans un acte constitutionnel toute la place qu'elle revendique. Personne ne contesta ces vérités, et l'article fut adopté.

A l'ouverture de la séance suivante, M. le chancelier dit qu'il avait mis sous les yeux du Roi l'article proposé par M. de Sémonville sur la forme de présentation des pétitions, et que Sa Majesté permettait qu'il devînt le sujet d'une délibération de la commission. Personne ne demanda plus la parole sur l'article, qui fut adopté à une assez forte majorité, et la commission passa au chapitre 6, intitulé : *De l'ordre judiciaire.*

Ce chapitre, sauf l'article 61, passa sans difficulté; il ne changeait en rien les principes de notre ancien ordre judiciaire, ni l'organisation subsistante dont on était généralement satisfait. Les bases de notre ordre judiciaire sont que le Roi nomme les juges, que les juges nommés par lui sont inamovibles, et que de cette immense délégation, la couronne ne tient en réserve que le beau droit de faire grâce. Rien

de plus simple et cependant rien de meilleur; toutefois, pour arriver
là, il a fallu lutter depuis Saint-Louis jusqu'à François Ier, et on ne
sait ce qui serait advenu, si la vénalité introduite par le dernier n'eût
confirmé à jamais le principe de l'inamovibilité; mais chez nous
ce principe est d'airain, et deux fois Richelieu lui-même, furieux de
ne pouvoir détruire des magistrats, avait été réduit à ne détruire que
leurs offices. La distribution des tribunaux ne diffère guère de ce
qu'elle était avant la Révolution. L'assemblée constituante, que l'ombre
des Parlements ne cessait d'effrayer, avait disséminé sur le sol de la
France une nuée de tribunaux sans consistance, et, pour mettre le
comble à l'absurde, les avait constitués juges d'appel les uns des
autres. La Convention, mieux conseillée, avait considérablement réduit le nombre des tribunaux et leur avait donné une organisation
plus forte et dans un système qu'on a trop légèrement abandonné;
mais encore préocupée par le même préjugé que l'assemblée constituante, elle continua de rendre ces tribunaux réciproquement juges
d'appel entre eux. Enfin Napoléon, plus libre et plus hardi, en ce point
comme en tant d'autres, distribua les tribunaux en deux grandes sections : les uns destinés à juger les procès en première instance, et
les autres en appel. C'était, quant au civil, rétablir l'ancien ordre judiciaire, moins la partie du pouvoir législatif que les Parlements
avaient usurpée sur la nation, et celle du pouvoir exécutif qu'ils avaient
conquise sur la couronne; c'est-à-dire moins l'enregistrement et les
arrêts de règlements. Il conserva, non sans regret, l'institution des
jurés, qui n'est pas, comme on le veut bien dire, une institution de
l'assemblée constituante, mais le retour à la vieille manière dont nos
pères vidaient les procès criminels; si ce n'est qu'aux formes naïves,
et qui caractérisaient un peuple admirable dans sa simplicité, nous
avons substitué celles que la métaphysique s'est chargée de pétrir
pour un peuple corrompu. Enfin, au-dessus de l'édifice, Napoléon
avait conservé la Cour de Cassation, tribunal suprême destiné à retenir tous les autres dans la meilleure manière d'entendre et d'appli-
quer les lois. C'est bien à l'assemblée constituante qu'on doit cette
excellente institution, qui ne trouve d'analogue dans aucun État de
l'Europe, et dont ce qui s'appelait jadis en France le conseil des partis
était bien loin d'égaler le mérite. Le Roi approuva l'ordre judiciaire
tel qu'il le trouvait établi et voulut le conserver. Sans doute on l'eût
amélioré en supprimant quelques cours d'appel et bon nombre de
tribunaux de première instance; mais c'est à la législature qu'il fallait
se confier de telles dispositions; elles y ont été proposées et toujours
sans succès, parce qu'on a constamment rencontré les intérêts de lo-
calité coalisés pour y faire obstacle.

Le Roi n'avait donc ajouté qu'un article entièrement nouveau au chapitre de l'ordre judiciaire : l'article 66, qui abolit la peine de la confiscation des biens et défend de jamais la rétablir; disposition de loi admirable! et sans contredit la plus belle conquête que la sagesse des temps modernes ait faite sur les erreurs du passé. Ils vivaient de confiscations, les plus horribles gouvernements qui aient effrayé le monde ; à Rome, on confisquait pour acquitter l'enchère de l'empire ou en soudoyer les satellites; et à Paris, c'était aussi pour alimenter ses innombrables sicaires que, de son aveu, le comité de salut public « *battait monnaie sur la place de la Révolution.* » Honneur, encore une fois, à la mémoire de Louis XVIII! Ce prince fit plus qu'abolir la confiscation; il en maintint avec fermeté l'abolition. Au retour de Gand, lorsqu'il se trouva le maître d'hommes qui ne l'avaient pas seulement trahi, mais outragé; que de toutes parts retentissaient à ses oreilles des cris de vengeance, et que sans cesse on lui répétait que durant les Cent-Jours les ennemis de sa dynastie n'avaient pas été aussi généreux, la majorité de la Chambre de 1815 avait exprimé toute son impatience de cet article de la Charte, et lorsqu'elle s'épuisait, à la journée, sur les moyens de l'éluder, elle annonçait assez comment elle en eût accueilli le rapport. Louis XVIII resta Roi et supérieur à toutes ces vues de vengeance et de temporéité. Un publiciste, trop éclairé pour ne pas applaudir à ce qui se fait de bon, même dans un parti qui n'est pas le sien, M. Benjamin Constant, me citait un jour l'abolition de la confiscation comme la plus belle disposition de la Charte; et je lui faisais le reproche de ne l'avoir pas fait conserver dans l'acte additionnel où il avait pris tant de part. « J'aurais voulu, » reprit-il, vous voir à l'épreuve avec la douceur et la flexibilité d'es- » prit que je vous connais. Jusqu'à l'article de la suppression de la » confiscation que la commission avait proposée à l'unanimité, la » discussion avec Napoléon s'était soutenue libre assez des deux parts, » quelquefois avec dureté de la sienne : c'était sa manière; mais arri- » vés à l'article de la confiscation, il combattit la suppression avec » emportement. Je la défendais de mon mieux, et je croyais avoir ap- » porté des raisons qui ne laissaient pas que de l'embarrasser; lorsque » jetant brusquement la main sur la table, et me regardant des yeux » que vous lui connaissez, il dit : «Non, je ne céderai pas; où veut-on » me conduire? Hors de mon caractère? La France ne me recon- » naîtrait plus; c'est son vieil Empereur qu'elle veut! » — Pendant » cette allocution, dont je ne vous rends que le début, sa voix était » altérée, sa main se contractait et s'étendait par des mouvements » convulsifs, et il me semblait voir la patte du lion qui aiguisait ses » griffes. Personne ne fut de son avis, mais tout le monde se tut, et » l'article fut rayé. On n'était pas là, comme vous vous y êtes trouvé, » sous la présidence pleine de mansuétude de M. Dambray, et les

» auspices fleuris de Louis XVIII; que si je m'y étais trouvé, je n'au-
» rais peut-être pas fait mieux que vous, mais il me semble que j'au-
» rais fait davantage; l'occasion était admirable et ne se retrouvera
» plus. »

Je rentre dans cette admirable position que j'ai un instant aban-
donnée, entrainé par la juste admiration que m'inspire l'article 46 du
chapitre de l'ordre judiciaire. J'ai dit que ce chapitre avait éprouvé
peu de changement; l'article 61 fut le seul qui arrêta un instant. Dans
le projet présenté par les commissaires du Roi, les juges de paix
étaient, comme tous les autres magistrats, déclarés inamovibles; on
n'avait pas d'abord trouvé de motifs de les soustraire au principe fondamental de l'inamovibilité, et on craignait, en le faisant, de dépré-
cier cette magistrature dont le mérite consiste en si grande partie
dans le respect et la confiance qu'inspirent les personnages qui en
sont revêtus. M. Clausel de Coussergues apporta à la commission une
opinion différente, il ne contesta pas sur l'importance de la justice de
paix pour le bon ordre, la tranquillité et le respect des mœurs dans les
campagnes; il fit même remarquer que cette magistrature, par cela
même qu'elle était si rapprochée du peuple, devait prendre aisément
de l'influence sur l'opinion. « Ces juges décident seuls de presque toutes
les questions qui leur sont soumises; on se rassure par le peu d'importance qu'elles ont sous le rapport de l'intérêt, et on ne réfléchit
pas qu'à cet intérêt, si mince en apparence, se rattachent le plus souvent les moyens d'existence d'une pauvre famille. Il faut des hommes
éprouvés pour bien remplir ces fonctions délicates, et le temps seul
apporte les moyens de les bien connaître. Laissons donc au Roi, qui
va les nommer, le pouvoir de les remplacer si l'on s'aperçoit qu'ils
ne rendent pas tout le bien qu'on en avait attendu. Cette disposition
à laquelle de réels avantages sont attachés est au reste exempte de
tout inconvénient; il n'est pas à craindre que le Roi change un juge de
paix justement honoré dans son canton, car les élections qui lui sont
confiées ne sont pas suspectes de caprices, ou des jeux de partis qui
corrompent quelquefois les élections populaires. » L'assemblée applaudit à la sagesse de ces réflexions. Je voulais demander que le changement fut soumis au Roi; M. Ferrand me fit observer que la proposition de M. Clausel de Coussergues tendait à l'accroissement de la prérogative royale, et qu'il était bien difficile d'y trouver d'inconvénients,
je laissai donc mettre aux voix l'article, qui fut adopté à l'unanimité.

La commission avait tenu quatre séances, je comptais qu'elle en aurait trois autres : la première pour la discussion du chapitre intitulé :
Des droits particuliers garantis par l'État; les deux autres, pour
l'examen de quelques articles que j'avais préparés sur la forme des
élections, et j'avais obtenu du Roi de remettre au 8 juin la séance

royale indiquée pour le 4. J'avais préparé six articles règlementaires de la forme des élections, qui auraient trouvé leur place entre les articles 40 et 41 de la Charte; ils étaient conçus dans le dessein de concilier l'article 40, qui n'accorde le concours à la nomination des députés qu'à ceux qui paient une contribution directe de trois cents francs, avec l'élection à deux degrés, la seule dont on eût alors l'idée en France, parce que c'était la seule qui y eut été pratiquée depuis les États-Généraux les plus anciens, et la seule qui semblât praticable; il s'y rencontrait cependant des difficultés pour l'éclaircissement desquelles j'avais demandé des renseignements qui venaient de m'arriver du ministère des finances.

J'étais occupé à les comparer, lorsqu'on m'annonça le baron de Bulow, ministre des finances de Prusse; je le connaissais particulièrement parce qu'il avait travaillé sous mes ordres en qualité de directeur du trésor à Cassel, lorsque j'y occupais le ministère des finances. Il m'apprit qu'il venait de dîner avec les souverains, dont le départ dans trois jours était définitivement arrêté. Je me récriai, parce que je savais qu'il avait été convenu qu'ils ne sortiraient pas de Paris avant que la Constitution y eût été publiée, et je protestai que nous ne serions pas prêts avant cinq jours. « Il faut, me répondit froidement » Bulow, que vous ayez fini demain, que la Constitution soit procla- » mée le 4, comme le Roi l'a promis, et que nous partions le 5, les » ordres sont donnés. » — « Mais vous me tenez là un langage napo- » léonien : *il faut, il faut ; des ordres sont donnés...* » — « Cela est » vrai; mais croyez-vous que tous les souverains à la fois ne peuvent » pas faire un Napoléon? Sérieusement parlant, arrangez-vous sur » l'avis que je vous apporte. Je vous dirai plus, les souverains ont ap- » pris du Roi de France que le travail de la commission touchait à sa » fin, et comme ils savent que je vous vois assez souvent, ils m'ont » chargé de m'en assurer et en tout cas de vous notifier le délai fatal. » Je me le tiens pour dit, et au départ de M. Bulow j'accours tout effaré chez M. Ferrand; je lui raconte notre mésaventure : « Eh bien! » me répondit-il froidement, il faut tout finir demain; vous devez » être prêt? » — « Non, pour ce qui tient aux élections; je ne suis pas sûr de quelques articles qui ne sont que projetés et qui demandent encore des vérifications. J'aurai ensuite à en faire le rapport à vous et à M. l'abbé de Montesquiou pour que vous les soumettiez, si vous les adoptez, à l'approbation du Roi, avant qu'ils puissent être présentés à la commission. De plus, il reste à discuter le chapitre intitulé : *Droits particuliers garantis par l'État*, à relire le travail entier; enfin à composer le préambule de la constitution, et vous trouverez que c'en est peut-être assez pour les vingt-quatre heures que les augustes souverains daignent nous accorder dans leur patiente bonté. »

— « Il ne faut plus, reprit M. Ferrand, songer à rien ajouter au
» chapitre des élections. Demain, à l'entrée de la séance, nous prévien-
» drons M. l'abbé de Montesquiou et nous nous arrangerons pour
» tout finir. »—En effet, le lendemain, les commissaires du Roi eurent
une conférence avec M. le chancelier. M. l'abbé de Montesquiou parut
de son côté désireux d'arriver au terme de nos travaux : « J'ai, dit-il,
» repassé aussi dans ma tête ce sujet des élections ; il a ses difficultés
» et il ne faut pas le manquer pour y avoir mis de la précipitation.
» Au fait, les articles essentiels sont arrêtés : la somme de contribution
» exigée pour les qualités d'électeur et d'éligible ; la présidence des
» colléges électoraux ; la nécessité de nommer au moins la moitié des
» députés parmi les domiciliés du département ; le reste n'est pas sans
» importance assurément, mais on peut le confier à la législature, et
» d'autant mieux que si nous avions voulu pénétrer dans le détail de
» la forme des élections, nous aurions reconnu qu'un article arrêté en
» provoquait sur le champ un ou plusieurs autres, et nous n'en eus-
» sions pas fini. »

Il fut donc convenu que l'on se bornerait à discuter le dernier chapitre de la Constitution, intitulé : *Droits particuliers garantis par
l'Etat.* On prévint confidentiellement MM. les membres de la commission de la nécessité de borner là leur travail et de le finir dans la
séance même, et on offrit le dernier chapitre à leur délibération : il
passa sans difficulté. J'étais loin d'approuver cette disposition de l'article 71 « que la noblesse ancienne reprend ses titres, et que la nou-
» velle conserve les siens, » puisque d'après ce qui suit, dans l'article,
la noblesse n'emporte aucune exemption des charges et des devoirs
de la société, et n'est plus que l'affaire de l'opinion, et il fallait la lui
abandonner entièrement et n'en pas faire mention dans un acte constitutionnel. On se serait épargné la distinction entre la noblesse ancienne et la nouvelle, toute au désavantage de celle-ci, qui n'a pas été
longtemps à s'en apercevoir et à chercher à s'en venger. Les Empe-
reurs et les Rois peuvent bien ébaucher des nobles ; le temps seul a le
pouvoir de les achever. Si en France la noblesse instituée par Napoléon avait reçu l'indispensable sanction du temps, elle se serait élevée
au niveau de l'autre, tout en avouant son berceau, qui certes n'était
pas sans gloire, et il n'eût fallu pour cela aucune disposition de la
Charte ; que si, et ce qui est plus probable, la noblesse nouvelle et
la noblesse ancienne devaient être également emportées par le torrent
qui sous nos yeux ravage les sociétés, il était encore inutile d'en parler. Mais l'article se trouvait dans la Constitution du sénat ; on devait
le regarder comme le vœu de la noblesse nouvelle, et Louis XVIII, que
sa malice n'abandonnait jamais, même au milieu des choses les plus
graves, avait pu trouver plaisant d'accorder, sur leur demande, un bre-

vet constitutionnel de parvenus aux grands seigneurs de Bonaparte.

Après avoir terminé le dernier chapitre de la Constitution, on passa aux articles transitoires qui avaient seulement pour objet la conservation du corps législatif alors existant et le renouvellement par cinquième. Ces articles ne pouvaient pas souffrir de difficulté. Là se terminait la mission de la commission.

M. le chancelier la remercia, au nom du Roi, du zèle qu'elle avait apporté à une mission aussi importante et de ses efforts pour suppléer, par l'empressement et l'assiduité dans ses travaux, au temps trop court qui lui avait été accordé; et il ajouta qu'il s'estimerait heureux si, en quelque occasion que ce fût, il était auprès des membres de la commission l'organe de la haute estime de Sa Majesté, et de la manière dont elle se plairait à récompenser leurs services. La commission se sépara.

Il fut convenu entre les commissaires du Roi que j'emploierais le temps qui nous restait à revoir tout le travail et à lui donner sa rédaction définitive; que je le ferais précéder d'un préambule, et que j'en ferais faire quatre expéditions, dont l'une serait signée du Roi et revêtue des formes de chancellerie, et les trois autres seraient remises à M. le chancelier et à MM. de Montesquiou et Ferrand.

Une difficulté s'était élevée quelques jours auparavant, en présence du Roi, sur le nom que l'on donnerait à l'acte dont s'occupait la commission et sur la forme dans laquelle il serait publié. M. le chancelier était d'avis de l'appeler *Ordonnance de réformation*, et de l'envoyer à l'enregistrement des cours et des corps administratifs. M. Ferrand voulait qu'on l'appelât *Acte constitutionnel*, et sans décliner l'enregistrement par les cours et les corps administratifs, il opinait pour qu'il fût aussi envoyé à l'acceptation des assemblées de canton. Je combattis l'une et l'autre opinion. Je soutins d'abord qu'on ne pouvait appeler l'acte dont il s'agissait ni du nom d'*Ordonnance de réformation*, ni de celui d'*Acte constitutionnel :* il avait été expliqué très positivement et bien entendu dans la commission, que cet acte descendait de l'autorité royale, préexistante dans toute son intégrité, et qu'il ne contenait que les concessions que cette autorité avait jugé convenable de faire *proprio motu* et dans sa pleine et entière liberté. On ne peut donc pas l'appeler *Acte constitutionnel*, parce qu'en général, et surtout en France, d'après les opinions qui y ont prévalu depuis vingt-cinq ans, le mot *constitution* suppose le concours pour établir un nouvel ordre de choses, entre le Roi et les représentants, soit du peuple seulement, si en effet il agit seul, soit du peuple et des grands, comme une nation voisine en a fourni des exemples : et il est bien évident que rien de tel ne se rencontre ici. On ne peut pas employer davantage ce titre d'*Ordonnance de réformation*, car cette expression n'est appliquée

dans notre ancienne jurisprudence qu'aux lois qui avaient en effet
pour objet la réforme de quelques abus qui s'étaient glissés dans l'État,
et non pas l'introduction d'une institution nouvelle. Si on voulait ab-
solument se servir d'un vieux mot, celui d'*Édit* serait préférable, et
encore ne saurait-on détacher l'idée d'un édit de celle de parlements
pour le registrer ou y faire des remontrances. Puisqu'il s'agit d'une
concession faite librement par un Roi à ses sujets, le nom anciennement usité, celui consacré par l'histoire de plusieurs peuples et par la
nôtre est celui de *Charte :* on l'appellera, si l'on veut, la Charte des
droits, la Grande Charte, comme en Angleterre, ou bien la Charte
Constitutionnelle. Jusque-là je réunis les suffrages, sauf celui de M. le
chancelier, qui parut tenir au titre d'Ordonnance de réformation.

Je poursuivis : « Maintenant, que fait le Roi d'une Charte : il peut
bien en ordonner l'enregistrement où il lui plaît et dans la forme qui
lui convient, mais ce n'est là qu'une forme secondaire ; la première et
la plus essentielle, c'est qu'il fasse publiquement le don et l'octroi de
cette Charte à ses sujets, et jure solennellement de l'exécuter de son
côté. Il serait désirable que ce don pût se faire à la France entière
réunie en assemblées primaires, parce que l'acte y recevrait un plus
grand caractère d'authenticité ; que la reconnaissance et l'amour qu'il
doit exciter pénétreraient plus à fond dans le cœur des Français ;
mais il faut des délais et des formalités pour convoquer les assemblées
primaires, et la prompte publication de la Charte est commandée par
l'état actuel du royaume. Cependant, et puisqu'on ne peut pas s'adresser à la France assemblée, il faut chercher si elle n'a pas des représentants qui la suppléent jusqu'à un certain point : ces représentants
semblent s'offrir dans le sénat et le corps législatif. Le premier de
ces deux corps a déjà pris, dans un cas analogue, une initiative contre
laquelle nulle réclamation ne s'est élevée ; le second paraît encore
mieux appelé, par la nature même de ses fonctions, à stipuler pour le
peuple. C'est donc à ces deux corps que le Roi doit faire la déclaration
publique de l'octroi de la Charte, et devant eux qu'il doit prêter le serment de l'exécuter, en attendant que dans la cérémonie de son sacre il
en jure le maintien à l'égal ou même en avant de nos autres lois fon-
damentales. » Cette seconde partie de mon opinion éprouva des difficultés. On était bien d'accord sur la publication de la Charte en présence du sénat et du corps législatif, mais on trouvait ces deux corps
peu consistants pour recevoir le serment royal, qui en France ne se
prête qu'une fois, à la cérémonie du sacre. L'un en effet allait disparaître ; l'autre datait d'une époque qui n'était avouée que parce qu'on
ne pouvait pas faire autrement : par les mêmes motifs, on insistait
pour envoyer la Charte à l'acceptation des assemblées de canton.
M. Ferrand y insistait à ce point que le Roi ne voulut pas décider et

me demanda un rapport que je lui remis le soir même, et qu'on trouvera à la suite de ces Mémoires. Une autre difficulté arrêtait : de quelle époque datera-t-on le commencement du règne? On avait éludé la difficulté dans la Déclaration de Saint-Ouen, qu'on avait simplement datée du 2 mai 1814; mais il n'y avait plus moyen de reculer : il fallait donner à la Charte une date royale, et laquelle? Dès qu'on avait reconnu l'ancienne royauté, il fallait bien admettre l'un de ses principes fondamentaux, c'est-à-dire la descendance de mâle en mâle, sans interruption possible. *Le mort saisit le vif. Le Roi mort, vive le Roi.* Il semblait que nos pères n'eussent pas cru pouvoir employer d'expression trop brusque et trop vive pour exprimer la promptitude de cette transmission. Notre histoire fournissait deux exemples qui se rapprochaient de la circonstance actuelle : Henri IV avait daté son règne du jour de la mort de Henri III, quoique sa reconnaissance, abstraction faite de la fureur des partis, fît encore une question et même une question légale. Charles VII en avait usé de même, à la mort de son père, en dépit du traité de Troyes et de l'assentiment que les grands corps de l'État, la capitale et la majorité des provinces, y avaient donné. Et c'était en effet un principe puissant et conservateur que d'admettre qu'aussi longtemps qu'il restait un prince dans la ligne de successibilité, il y avait un Roi en France ou pour la France. Un hommage de plus à ce principe était une conquête pour le salut et l'avenir du pays. Hors de là, on retombait dans le principe de la souveraineté du peuple : il n'y avait pas de milieu. Si Louis XVIII date ses actes du jour où il a été rappelé au trône, il sanctionne ce rappel et reconnaît à une autorité le droit de le rappeler. Or, quelle est cette autorité, si ce n'est celle du peuple? Mais si le Roi reconnaît un acte aussi grave, il faut qu'il reconnaisse tous les autres qui sont émanés du même pouvoir. Donc la légalité de la Convention et de tout ce qu'elle a fait; celle de l'Empire et de tout ce qu'il a institué; ici on ne finirait pas de conséquences. Il vaut mieux se rattacher au vieux principe. Le Roi a régné dès que son droit au trône a été ouvert; maintenant, qu'il soit censé avoir été toujours présent et ratifié ce qui s'est fait pendant son absence, il imprimera par cette fiction même une sanction toute monarchique aux actes émanés d'autorités différentes. Le passé rentre aussi dans l'ordre, et la législation retrouve son ancienne origine et son uniformité.

A la séance de clôture de la commission, j'avais proposé à mes deux collègues de se rendre auprès du Roi pour le supplier de résoudre ces questions qui ne pouvaient pas se remettre un jour de plus. M. l'abbé de Montesquiou, qui se réfugiait dans son orgueilleuse mauvaise humeur dès qu'il s'agissait d'entrer en lice avec moi, dit qu'on aurait le temps d'en *parler* au Roi le lendemain matin, comme s'il n'y eût eu

sur le tapis qu'une matière à conversation; et je rentrai chez moi,
chargé de tout ce qui restait à faire pour que la Charte fût publiée le
lendemain. J'y trouvai mon ancien camarade de collége, le marquis
de Brézé, à qui cette solennité donnait encore plus de souci qu'à moi.
Vainement avait-il fouillé les archives des cérémonies de France, il n'y
avait rien trouvé qui, de près ou de loin, eût trait à la publication
d'une Charte. Cependant, il ne voulait rien prendre sur lui, à Dieu ne
plaise! et il venait à moi, comme à un ami, pour l'aider à sortir de ce
cruel embarras. Je me défends de tout conseil en prétextant de ma
complete ignorance de la matière. Je lui remontre combien je suis
pressé par le temps, et qu'il me reste du travail par-dessus la tête; lui
d'insister et de soutenir qu'il est dans le même cas que moi et qu'il
faut bien que je l'écoute. Il entrait en matière et menaçait d'être long.
Je suis forcé de l'interrompre et de lui répéter que le chapitre des
cérémonies n'était bien connu et ne pouvait recevoir de commentaires
qu'à la cour, parce que le cercle de son importance, quelle qu'elle fût,
ne dépassait cependant pas le lieu qn'habitait le Roi ; que ce serait
abuser de sa confiance que de le laisser aller plus avant; et je me lève
en lui disant, en toute humilité pourtant, que le service de Sa Majesté
m'interdit le plaisir de l'entretenir plus longtemps. Il me fut aisé de
m'apercevoir que la confiance de l'ami de collége avait été promptement remplacée par l'orgueil blessé du grand-maître, et M. de Brézé
me quitta avec des signes non équivoques d'une mauvaise humeur
que longtemps il m'a conservée ; mais il me quittait et je ne lui en
demandais pas davantage.

Je m'étais défié de mes forces pour le préambule de la Charte, et je
m'étais adressé pour sa composition à l'homme de France que j'y re-
connaissais le plus propre par son beau talent, à M. de Fontanes. Il
m'avait promis de m'envoyer son manuscrit dans la soirée, et je res-
tais sur ce point dans une parfaite sécurité, bien persuadé que je
trouverais à admirer et rien à critiquer. J'étais encore occupé, sur les
dix heures du soir, avec M. Masson, l'un de mes chefs de division, à
la dernière révision de l'ensemble de la Charte, lorsque je reçus le
travail de M. de Fontanes. Je le saisis avec avidité et je m'aperçus avec
douleur que l'ouvrage, fort distingué dans son genre, digne enfin de
son auteur, ne pouvait pas remplir la place à laquelle il était destiné.
M. de Fontanes avait eu peu d'occasions de lire des préambules de
lois, et ce n'était pas là généralement que les orateurs allaient chercher des modèles. Le morceau qu'il m'avait fourni contenait sur le
sujet de hautes pensées revêtues de formes éloquentes; mais ces
pensées étaient trop générales, ces formes avaient trop d'éclat. C'était
une belle page, mais ce n'était pas un préambule. Je le communique à
M. Masson, qui en porte le même jugement que moi; cependant que

faire? Il est plus de dix heures du soir ; il faut être prêt pour le lendemain, et l'ouvrage qui me manque inopinément n'exigerait rien moins de ma part que deux jours de méditation et de calme, et dans ce moment même mille autres soins m'assiégent! J'eus un moment de désespoir. — «Où l'embarras est-il donc si grand? reprit M. Masson. » Vous trouvez que les pages de M. de Fontanes ne peuvent pas vous » servir, apparemment parce qu'elles ne remplissent pas les conditions » que vous exigez dans un préambule de loi? Eh bien! quelles sont ces » conditions? Dictez-moi d'abord ce qu'à votre gré le morceau doit » contenir. Reprenez votre sang-froid et cherchez l'ordre des idées. » — Je dicte, en effet, et avec une sorte de colere concentrée; mais je vais jusqu'au bout. «Maintenant, me dit mon interlocuteur, vérifions » si dans ce premier jet l'ordre des idées est exactement suivi, car c'est » de là que dépend le succès. » Nous corrigeons, nous transposons jusqu'à ce que nous soyions tous deux également satisfaits. « Mainte- » nant, poursuit-il, on va transcrire proprement ce tracé, et votre » préambule est fait, car vous n'aurez plus qu'à remplir et les mots ne » vous manquent pas. Du courage! Nous voilà bien avancés. » — Il rentre un quart d'heure après et me remet la mise au net du premier travail. Je commence à dicter; je poursuis avec beaucoup plus de facilité que je n'aurais cru; mon embarras était d'être court; j'arrive à la fin; je corrige une première fois pour la guerre aux pensées, une seconde fois pour la guerre aux mots, et en moins de deux heures le morceau était composé tel qu'il a été imprimé. Je voulais garder le manuscrit pour y corriger encore : « Non pas, dit M. Masson ; souffrez » que je l'emporte; je vous connais : vous passeriez le reste de la nuit » à le remanier de dix façons différentes, et demain il serait moins » bien. Ne pensez plus à Charte ni à préambule; allez vous coucher et » dormez si vous pouvez. » — Je me jette en effet sur mon lit pour m'y reposer et avec peu d'espoir de m'endormir. J'y étais à peine qu'on entre pour m'avertir que l'inspecteur de police demande à me parler pour affaire urgente. Il paraît et me communique deux rapports parvenus de deux points différents, et qui annoncent qu'il se fait un amas de poudre sur le bord de la rivière, au bas du quai d'Orsay, et l'un de ces rapports ajoute que c'est dans le dessein de faire sauter, le lendemain, les souverains lorsqu'ils passeront à cet endroit du quai, en se rendant au palais du corps législatif pour la publication de la Charte. L'inspecteur m'ajoute qu'il a pris des renseignements autant que l'a permis l'heure avancée à laquelle il a reçu ces rapports, et qu'il en résulte jusqu'ici que l'endroit indiqué est celui où l'armée russe charge ses poudres; que le travail du chargement a occupé la journée d'hier et occupera encore celle d'aujourd'hui. Quant au projet de faire sauter les souverains au passage, il est fort porté à croire que c'est l'une de ces interprétations d'une chose simple par une chose coupable, auxquelles nous sommes accoutumés ; mais qu'il a dû m'en rendre compte, par suite des ordres qu'il a reçus de ne rien négliger de ce qui paraîtrait intéresser le moins du monde la sûreté des souverains qui se trouvent à Paris. En effet, les généraux russes m'avaient supplié d'être sur mes gardes et d'entourer de mon mieux l'Empereur Alexandre, parce que, si nous avions ce malheur qu'il fût, non pas assassiné, mais insulté en quoi que ce soit à Paris, lui-même et ses généraux ne seraient pas assez forts pour empêcher ses soldats, qui l'adoraient, de mettre le feu à tous les coins de la ville ; de sorte que si son départ précipité me contrariait comme rédacteur de la Charte, il me soulageait infiniment comme directeur-général de la police. Je répondis à l'inspecteur qu'il fallait donner autant de soins à vérifier le complot de faire sauter les souverains que si nous y croyions l'un et l'autre ; et ensuite obtenir des officiers russes qui présidaient au chargement des poudres de suspendre leur opération depuis dix heures du matin jusqu'à deux heures de l'après midi. Je le congédiai en lui demandant un nouveau rapport à huit heures, parce qu'à neuf je me rendais chez le Roi.

L'inspecteur revint en effet à huit heures. Je venais de recevoir un billet du Roi, qui m'envoyait sur le complot des poudres un rapport bien corsé, et qui, sans doute, lui était parvenu de la police des Tuileries. Le Roi, sans y croire, m'ordonnait cependant de vérifier ce qui pouvait avoir donné lieu à un pareil rapport, et m'annonçait qu'il me recevrait à dix heures pour la remise du travail dont j'avais été chargé. L'inspecteur me dit qu'il n'avait encore découvert et ne découvrirait probablement pas de trace de complot ; mais qu'il avait fait d'inutiles démarches pour obtenir des officiers russes de suspendre le chargement de leurs poudres ; qu'il ne fallait pas cependant se dissimuler que ce travail avait son danger pour le voisinage et qu'il fallait l'arrêter à tout prix. Je courus à l'instant chez le général Sacken, qui, dans son gouvernement de Paris, s'était montré attentif et bienveillant pour les habitants. On me fit attendre, parce qu'il n'était pas encore jour chez Son Excellence ; et quand je pus lui expliquer le sujet de ma visite avec tout ce qu'il avait de pressant, il se confondit en regrets de ce que l'ordre de suspension que je demandais n'était pas de sa compétence. J'eus beau lui représenter que le gouverneur de Paris pour l'Empereur de Russie était fort compétent pour empêcher que Sa Majesté Impériale fût enlevée dans l'intérieur de Paris par un baril de poudre ; vainement je renforçais l'image pour l'effrayer ; je n'obtins de lui que quelques lignes de recommandation pour le général commandant de l'artillerie russe, qui demeurait au faubourg Saint-Germain. Il me fallut courir de nouveau de la rue Grange-Batelière à la place du Palais-Bourbon, et attendre aussi qu'il fît jour chez ce nouveau seigneur. Mes minutes étaient comptées et je séchais d'impatience. Enfin mon homme parut ; il entendait et parlait mal le français et avait de plus les manières fort raides. Je commentai de mon mieux ce que je supposais se trouver dans le billet du général Sacken ; il se contentait de marcher brusquement de long en large, comme si je n'eusse rien dit, et pour lui ce pouvait bien être la même chose. Cependant il me donne à son tour un billet pour un colonel, qui heureusement était logé à deux pas de l'hôtel de la police. J'en sortis piqué, et je regrettais de ne m'être pas adressé à l'Empereur lui-même. J'étais en doute si je n'irais pas au palais de l'Elysée ; je fus retenu par la circonstance que l'officier à qui j'étais encore renvoyé se trouvait à deux pas de chez moi. J'arrive chez celui-ci : la Providence me le tenait en réserve pour me consoler. Celui-ci me reçut avec une politesse recherchée, plaignit les démarches que je venais de faire, et m'assura qu'il allait à l'instant même arrêter les mouvements de poudre qui se faisaient sur le port. Il m'ajouta qu'il n'y resterait que les gardes nécessaires à la stricte exécution de ses ordres, et que lui-même y passerait tout le temps qui s'écoulerait entre l'aller des souverains et leur retour. Je quittai ce colonel, enchanté de lui. Je pris bien vite mon portefeuille à l'hôtel de la police, et j'arrivai chez le Roi à dix heures passées. Je m'excusai par les courses que je venais de faire pour pouvoir tranquilliser complètement le Roi sur le rapport qu'il m'avait adressé le matin. Sa Majesté me demanda si j'avais été sur le lieu même, pour m'assurer que le colonel nous tenait parole. Je ne pouvais pas répondre affirmativement et je reçus l'ordre d'aller le vérifier. De retour dans le cabinet du Roi, et après avoir donné cette fois-ci des assurances non équivoques, j'ouvris mon portefeuille ; je présentai au Roi trois copies de la Charte ; j'en tenais une quatrième à la main, et je demandai à Sa Majesté si elle me permettait d'en commencer la lecture. Les ministres étaient présents. Le Roi jeta un coup d'œil sur la pendule et dit : « Nous n'en avons pas trop le temps. » — Me sera-t-il » permis de faire observer au Roi que le préambule de la Charte est » nouveau et qu'il a besoin d'être soumis à son approbation ? — Oui, » mais nous avons confiance, et je sais que vous êtes passé maître en » ce point. » — Je m'inclinai en signe de reconnaissance, et je me borne à demander si le Roi a décidé de quelle année de son règne la Charte serait datée, et à qui elle serait adressée après qu'elle aurait été publiée dans la forme qui allait être suivie. Le Roi répondit qu'on aurait le temps de s'en occuper après ; qu'il fallait songer à son départ pour l'Assemblée. La bande dorée envahit bientôt le cabinet, et les affaires cédèrent humblement le pas à la cohue des cérémonies.

On se rappelle que des trois questions qui étaient restées indécises

une seule avait été résolue, savoir : que l'acte constitutionnel porte-
rait le nom de *Charte*. Aussi le Roi et M. le chancelier avaient-ils employé cette expression dans leurs discours. Je croyais la question de
l'envoi encore indécise entre l'opinion de M. le chancelier, qui voulait
que la Charte fût adressée aux tribunaux ; celle de M. Ferrand, qui
votait pour l'envoi aux assemblées de canton ; et la mienne enfin, qui
réclamait pour l'envoi aux assemblées primaires. J'appris seulement
par le discours de M. le chancelier qu'il avait gagné son procès, et
ensuite qu'il l'avait plaidé seul devant le Roi. Rien de si regrettable que
la manie que les ministres en faveur à cette époque avaient de traiter
les affaires en tête-à-tête avec le Roi, alors qu'elles eussent par leur
nature exigé des débats et une délibération. L'autorité royale naissait
à peine qu'elle était gaspillée à plaisir. Cet abus a surtout été sensible
pour la rédaction de la Charte. Des difficultés assez graves s'y étaient
rencontrées, et pas une ne donna lieu, je ne dirai pas à une délibération du conseil, mais à une réunion des trois commissaires et de M. le
chancelier. Aucun procès-verbal n'a été tenu des conférences ou des
résolutions. C'était M. le chancelier, et plus souvent M. l'abbé de
Montesquiou, qui allaient parler au Roi de ce qui s'était passé à la
commission, et ils le faisaient par forme de conversation et à titre de
nouvelles ; puis ils rapportaient de vive voix les décisions du Roi. Je
réclamais ; je disais à M. le chancelier qu'on n'en avait pas usé de la
sorte sous Louis XIV, lors des conférences pour les ordonnances, et
durant lesquelles on avait tenu registre de tout, à un mot près, et tout
réglé, jusqu'à la place que chaque commissaire occupait autour de la
table. M. le chancelier me répondait toujours que nous étions trop
pressés, et que ce qui importait c'était de finir vite.

L'assemblée avait été indiquée au palais du corps législatif, elle
était nombreuse et belle ; l'Europe y assistait par ses souverains, et
les grands personnages qui marchaient à leur suite. Un trône magnifique avait été élevé pour le Roi sur l'estrade où siége ordinairement
le président ; les grands officiers de la couronne en remplissaient les
degrés. Les banquettes de la salle étaient occupées, à droite, par les
membres du Sénat ; à gauche, par ceux de la Chambre des Députés ;
les ministres siégeaient au centre dans les places qui leur sont réservées. La famille royale et les souverains étrangers étaient placés dans
deux tribunes richement décorées. Le reste de ce vaste amphithéâtre
était comble de ce que la ville offrait de plus élégant et de plus distingué, et on se rappelle que Paris était, dans ce moment, et dans
toute toute la vérité de l'expression, le rendez-vous de l'Europe. Jamais, et à aucune époque de ses fastes, ni même durant le rêve de
Napoléon, cette capitale célèbre n'avait rien offert de comparable à
l'auguste et magnifique spectacle de tous ces souverains désarmés,

amis, et qui venaient unir franchement leurs vœux à la voix du Roi de France pour le bonheur et la liberté de cette nation, qu'on n'avait cessé de craindre que pour recommencer à l'admirer. Combien d'idées un tel spectacle soulevait ! les Français en garderaient-ils un long souvenir ? Quel destin était promis à cette loi qui allait être promulguée avec une solennité européenne ? Ceux qui la reçoivent aujourd'hui avec enthousiasme, sauront-ils la garder avec sagesse ou la défendre avec intrépidité ? A-t-on vraiment retrouvé le secret de cet échange, quelque temps suspendu, d'affection et de reconnaissance, de protection et d'amour, qui, depuis douze siècles, confondait les Français et leurs Rois ?

Le Nestor des Rois présents, Louis XVIII, remplit son rôle avec une dignité remarquable ; il prononça de vive voix un discours bien pensé, bien écrit, et surtout approprié a une circonstance qui avait aussi sa difficulté, car force était bien de parler des sacrifices qu'il avait fallu faire et des conquêtes qu'on avait abandonnées. Cette partie sensible fut touchée avec délicatesse ; le mérite du discours s'accrut encore par la manière dont il fut débité : un organe admirable, le geste juste et mesuré, la pose pleine de dignité ; enfin, nous reconnûmes l'accent français, et même l'accent du Roi de France. Le succès fut universel et sincère, il était mérité.

M. le chancelier, suivant l'usage, parla pour développer ce que le Roi, par son discours, n'avait fait qu'indiquer. On crut remarquer qu'il s'écartait, au contraire, de l'esprit dans lequel avait été conçu le discours du Roi ; il s'efforçait d'établir que la royauté n'avait rien perdu ni pu perdre de l'autorité absolue qu'elle exerçait en France, et il s'obstinait à appeler la Charte une ordonnence de réformation. Le discours de cet homme vertueux était la franche expression de ses principes ; il n'eût pas conseillé au Roi de donner la Charte : une fois donnée il tenait sa conscience engagée à y être fidèle, et ce magistrat des vieux jours n'admettait pas les compositions ; on ne le connaissait pas encore assez pour lui rendre cette justice, et pour lui ce début ne fut pas heureux.

M. Ferrand, en sa qualité de doyen des commissaires du Roi, donna lecture de la Charte ; son organe, naturellement sourd, était encore affaibli par la maladie, et, en ma qualité d'auteur du préambule, je souffrais plus que je ne peux dire de la manière dont il lisait. Cependant, il me parut qu'en général la Charte était bien reçue ; j'apercevais sur tous les bancs des signes individuels d'approbation, et elle devint générale quand la lecture fut finie.

Les membres de l'ancien sénat et les députés des départements se levèrent et prêtèrent le serment de fidélité au Roi, d'obéissance à la Charte constitutionnelle et aux lois du royaume.

Tous les actes de cette séance mémorable étaient terminés, et le Roi se retira, entouré du cortége avec lequel il était entré. Les ministres le suivirent jusque dans son cabinet, et chacun de s'extasier sur son discours et sur le ton dont il l'avait prononcé : pour cette fois la flatterie, et même un peu d'excès, étaient pardonnables. Louis XVIII était enchanté ; ce prince singulièrement jaloux des succès de l'esprit et de la bonne grâce, aimait surtout à les obtenir dans les circonstances d'éclat. Chaque année, l'ouverture des Chambres était pour lui un jour de fête, et il en revenait épris des applaudissements qu'il avait recueillis.

LE Cte BEUGNOT

ancien ministre.

PARIS, IMPRIMERIE DE E. BRIÈRE, RUE SAINTE-ANNE, 55.